DÉSIRÉE NICK

SÄGER UND RAMMLER

DÉSIRÉE NICK

SÄGER UND RAMMLER
UND ANDERE
BEGEGNUNGEN MIT
DER MÄNNERWELT

HEYNE ‹

MIX
Papier aus verantwor-
tungsvollen Quellen
FSC® C083411

Verlagsgruppe Random House FSC® N001967

Copyright © 2016 der deutschsprachigen Ausgabe
by Wilhelm Heyne Verlag, München,
in der Verlagsgruppe Random House GmbH,
Neumarkter Straße 28, 81673 München
Umschlaggestaltung: Hauptmann & Kompanie Werbeagentur, Zürich,
unter Verwendung eines Fotos von © Robert Recker
Satz: Leingärtner, Nabburg
Druck und Bindung: CPI books GmbH, Leck
Printed in Germany
ISBN 978-3-453-20105-7

www.heyne.de

Inhalt

Ich widme dieses Buch dem fabelhaften jungen Traumprinzen, den ich mir selber gebacken habe und der die Krone aller Welfen ist: Meinem Sohn Oscar. Denn er bezieht sich nicht auf die Errungenschaften seiner Vorfahren, sondern erweist durch eigenes Wirken seiner Herkunft alle Ehre! There is no one as nobel as you are and it's just the beginning …

May your future be full of Boogie-Woogie!

1 Die Krone der Schöpfung – tiefergelegt

Was taugt der Mann noch momentan, im Frühling des 21. Jahrhunderts?

Nein, es geht ihm nicht gut, trägt er doch schwer an seinem diffusen Rollenbild.

Das, was einst unter kernigen Kerlen galt, ist schwammig geworden, aufgeweicht in einer Epoche der Metrosexualität. Und was uns nach der Emanzipation noch bleibt, ist ein jämmerlicher Totentanz auf Testosteron.

Bärenstark, tonangebend, federführend – als all das galt er einst, der Mann als die Krone der Schöpfung. Doch das Alte versinkt in Lächerlichkeit, und die Konturen des Neuen sind noch kaum zu erkennen. Dafür gibt es neue Zuordnungen innerhalb seiner Spezies: die des hyperaktiven Wracks oder des glatt rasierten Hantelheinis beispielsweise. Um dem zu entkommen, scheinen Männer heute auf ihrer Flucht vor der historischen Bedeutungslosigkeit als Kampfansage freiwillig die Schürzen anzulegen und sich ins Wirkungsfeld der Küche zurückzuziehen. Ab an den Herd, so erklingt die neue Parole. Auch der größte Blödmann darf heute ein Gourmeggle sein. Er darf auch blondiert und mit niedlichen Ohrringen dekoriert in Daunenplusterweste vornübergebeugt auf dem Weg zum Spielplatz hinter irgendeinem Leopold auf seinem Holzrutschrad hinterhereiern …

O ja, tonnenschwer trägt der My-Boshi-Häkelmützenmann an seinem verloren gegangenen Image maskuliner Selbstbehauptung.

Klar, dass als Folge des Haarentfernungswahns McFit-gestähl-
ter Kerle, die für ihre Intimrasur einen beträchtlichen zeitlichen
Aufwand betreiben, damit sie sich nicht etwa in die Sackfalte schneiden und bluten wie Sau, evolutionsbedingt die Gegenbewegung
folgten musste. Das, was untenrum an krauser Intimlockung weg-
gerodet wurde, findet sich nun mitten in der Visage wieder: Das
Hipsterdiktat trendbewusster Metropolen verordnet den Rauschebart. Männer die sich beruflich die Hände nicht schmutzig machen,
wollen jetzt aussehen wie Holzfäller oder Fischer. Die urbane Sub-
kultur bekennt sich zum Skinny-Jeans-Zwang und orientiert sich
am Männertypus eines alternden Studienrats oder bärbeißigen
Seemanns. Was man nun so gar nicht lebt, soll atmosphärisch wenigstens suggeriert werden.

Der raue Look ist mitten in der Gesellschaft angekommen. Wohl
ein verzweifelter Versuch, sich der letzten Spuren einer vermutlich
immer noch vorhandenen Männlichkeit zu vergewissern. In Form
einer Maskulinität, die sich dem Shampoonieren, Pflegespülen, Föh-
nen, Stutzen und Trimmen hingibt.

Untenrum den Schambereich sauber gemäht, obenrum das
fliehende Doppelkinn mit Rauschebart kaschiert.

Sich in leicht ranziger Retrokleidung als Gegenpol zum Main-
stream feiern. Was automatisch in die bemerkenswerte Uniformität
der Anders-sein-Wollenden führt.

Viel Bartwuchs als Erkennungsmerkmal in Zeiten diffuser ge-
schlechtlicher Zugehörigkeit also. Der Mann trägt Dutt!

Ja, der Held von gestern steht auf wankendem Grund. Wie er so
in der frei stehenden Kücheninsel mit dem Mörser werkelt. Se-
kundengenau mit dem digitalen Timer den Kerbel schreddert. Wie
ein Apotheker. In blutiger Schürze. Das also sind die besseren
Hälften von heute: präzise hantierende Naturwissenschaftler, die
uns mit Vollbart bekochen. An der Volltechnogrillstation und dann
auch noch in grinsender Johann-Lafer-Pose.

Aber eben untenrum blank rasiert wie die Nacktschnecken. Damit der Dödel besser kommt. Der »kleine Lümmel« sich nicht mehr

im hohen Gras versteckt, sondern uns wie eine glitschige XXL-Weißwurst an der Fleischtheke zublinzelt. Das ist das neue Männerbild. Weil die Industrie gemerkt hat, dass man den Männerdeppen alles verkaufen kann, wenn man ihnen nur das Gefühl gibt, Chef von irgendetwas zu sein.

Die Spezies Mann hat sich verrannt. Sie taumelt ein bisschen. Treibt hinaus auf eine lange, ungewisse Reise.

Wer ihm begegnen will, dem Mannsbild uralter Schule, der wage ein Experiment: eine methodisch angelegte Untersuchung zur Gewinnung empirischer Fakten.

Man nehme ein Bierfässchen und lade es auf einen Bollerwagen. Dies koordiniere man kalendarisch mit Christi Himmelfahrt. Auf diese Weise erlangt man Gewissheit, dass es sie noch gibt: die Helden der Gegenwart! Hemdsärmelige kantige Keiler, die Feuer machen, Fleisch auf den Rost schmeißen, auf Facebook einer Grillgruppe beitreten und denen es erst dann richtig gut schmeckt, wenn der verbrannte Bratmaxe beim Wenden einmal ins Gras gefallen ist, mit Bockbier abgespült wurde und dann zusammen mit dem Restdreck vor sich hinbrutzelt, bis er schwarz ist.

Jene Helden finden sich also in geballten Herden in der Kostümierung echter Männer zusammen, wenn es heißt: Herrentag! Der schönste Tag des Jahres: der Tag mit gleichgesinnten Kumpels an der mobilen Biertheke.

Wegtreten, ihr Weiber, denn heute darf straffrei vom Kremser in Nachbars Garten gekotzt werden. Weil dies ein heiliger Feiertag ist. Ein Nationalfeiertag für echte Männer. Mit und ohne Rauschebart.

Vatertag gleich Höllentag! Schon im Morgengrauen hebt es an, das prähistorische Gebrüll vor meiner Terrasse: Still und stumm vor meinem Kaffeebecher sitzend, lauschte ich nichts ahnend dem Schrei des Kauzes, als das Neandertal über mich hereinbrach. Urgeschrei am Dorfanger, ein archaisches Pöbeln und Trommeln lag in der

Luft, während ich zum Gartentor eilte: ein Feiertag, Tag des Herrn, richtig, neununddreißig Tage nach dem Osterfest, die Rückkehr des Heilands als Sohn Gottes an die Seite seines himmlischen Vaters markierend.

Ich um zehn Uhr in der Früh supergescheitelt auf dem Sprung zum Kirchgang in meinem gepunkteten Sonntagskleid, das Gebetbuch fromm unter den Arm geklemmt wie meine liebste Clutch … und neben mir stolpern die Gottlosen schwankend vorbei: Männer, viele echte Männer mit schwerem Schritt. Stumpf dreinblickende Dumpfwesen, die Flasche fest im Griff. Grölend, pseudofröhlich lallend, Bierkisten und Bumsmusik im Schlepptau. Witzfiguren aus der Klischeekommode, unterste Schublade. Die Krone der Schöpfung, tiefergelegt.

Highlife am Herrentag. Bollerwagen, Bier und Busenkumpels, die ziellos durch die Landschaft fahren wie in der Kräuterbutterwerbung.

Dieser Tag des Herrn ist Stichtag für hemdsärmeliges ritualisiertes Mackertum vom Feinsten! Kurz: eine Begegnung mit dem gespielten Herrenwitz. Endlich mal Flatratetrinken ohne Türsteher und Gesichtskontrolle. Auch der kleinste Stiernacken darf heute mitspielen.

Draußen im Grünen mal den Sack baumeln lassen, den man sonst so ungelenk durch das eigene Leben schleift: raus aus dem Alltagstrott zwischen Lottospielen, Maloche und Schmerbauch. Die Sesselfürze im Kollektiv öffentlich ablassend.

Der Vatertag legitimiert Klaus-Dieter, im warmen Frühsommer ganztags den Schnapsgürtel zu tragen und sich in warmer Mittagssonne dem Delirium hinzugeben. Den Kumpels mit der Pranke auf die Schulter zu hauen. Saufen bis zur Besinnungslosigkeit. Brunfthaftes Durcheinanderlallen, bis der Klappstuhl im Schrebergarten unter dem fetten Arsch zusammenbricht. Und das um zwölf Uhr mittags. Wolle Petry sorgt für die passende Untermalung.

Die Laute, die am frühen Nachmittag an der provisorischen Kaffeetafel ausgestoßen werden, sind ein undefinierbarer Brei zwischen

Begeisterung und Entgleisung. Brabbeln, Grunzen und Mimik erzielen bei nahestehenden Personen Verständnis der Bedürfnisse. Fortschreitendes Gurren, Juchzen und Quietschen sowie kehliges Artikulieren männlicher Vornamen gleichgesinnter Kumpels erinnern an die Lallphase und sind eher als sprachliche Signale denn als sinnbildende Kommunikation einzuordnen.

Alles ist gut, denn Vati reißt Witze über Stutenärsche. Und zeigt seinem Zwölfjährigen, was ein echter Kerl ist: Heute darf der Steppke auch ein paar Bier mitzischen. Früh übt sich, was ein Mann werden will … die alten Hasen torkeln, sich gegenseitig stützend mit Bierflaschen in der Hand an den eigenen Ehefrauen vorbei, bis sie im Graben liegen. Ritualisiertes Rudelsaufen bis zum Exzess. Man nennt es auch Kultur, und zwar Trinkkultur. Unter dem hochtrabendem Etikett, dabei auch noch ein Herr zu sein.

Nachdem ich meinen ersten Herrentag in Brandenburg erlebt habe, halte ich es für einen Irrtum, dass der Neandertaler wirklich ausgestorben ist.

Er lebt im Rudel, bewohnt Höhlen im Umland von Berlin, die er mit selbstklebenden Wandmalereien von Harald Glööckler verschönert, ernährt sich von Fleisch, das am offenen Feuer gegart und aus der Hand gegessen wird. Sein Kauapparat ist ausgeprägt und das Gehirn klein. Er ist von behaarter, kräftiger Statur, und sein schütteres Fell erstreckt sich spitz zulaufend großflächig über Wirbelsäule und Hintern.

Eine angeborene Geschicklichkeit zeigt er im Umgang mit Werkzeugen und Gerätschaften, die er mit erstaunlicher Kreativität zu nutzen weiß. Gespeist wird auf niedrigen Baumstümpfen, tiefen Sesseln oder kleinen Hockern. Ist der Hunger gestillt, blinzelt er friedlich in die Sonne und nimmt sein Umfeld nur noch matt und weichgezeichnet wahr.

Vor etwa zehntausend Jahren begann der Urmensch, Getreide zu sammeln, ließ es gepanscht mit Flüssigkeit als Brei in der gleißenden Sonne stehen und entdeckte zufällig die Wirkung des vergorenen

Gerstensaftes. Das war die Geburtsstunde der Droge. Seitdem trinkt der Neandertaler gerne sein erstes Bier morgens um Viertel vor acht und rechtfertigt dies moralisch mit dem mühsam zusammengeflickten Satz: »Bier ist flüssiges Brot.«

Schrauben, Schwitzen, Biertrinken – und die aus dem Lot geratene Natur ist schnell wieder im Gleichgewicht.

Für mich ist der Herrentag ein wichtiger Freiraum im Kalender. Es ist der Tag, an dem mich kein Kerl stört. Ich kann ohne Belehrungen zur Bohrmaschine greifen, ungeschminkt mein Regal in die Wand eindübeln, in Schlappen den Rasen mähen, ohne vom Nachbarn auf meinem Heimtrecker ausgelacht zu werden, ich darf mit strähnigem Haar Holz hacken und ohne BH in aller Ruhe seilspringen.

Schade, dass nicht jede Woche Herrentag ist.

Wann werden archaische männliche Eigenschaften noch gebraucht? Eigentlich nur noch, wenn es darum geht, meinen Konzertflügel vom Wintergarten ins Dachgeschoss zu wuchten.

2 Eier aus Stahl

Der Freund des Freundes einer guten Freundin ließ mir ausrichten, dass ich ja wohl eine Männerhasserin sei. Der Vorwurf war von so einer Ungeheuerlichkeit, dass ich komplett verstört war. Also bitte, ich liebe Männer – zumindest als Konzept!

Wie kam der Trottel auf diese abwegige Idee? Kannte er mich? Hat er mich mal getroffen? War ich mit ihm in der Kiste? Habe ich ihm eine falsche Telefonnummer aufgeschrieben? Ihn nicht gegrüßt? Manche Leute behaupten sogar, dass ich über Männer lästern und Spott versprühen würde. Dazu hier deutlichst schwarz auf weiß: Ich spotte nur über Leute, von denen ich Fan bin. Von mir ignoriert zu werden, ist definitiv ein mediales Todesurteil.

Der großen, verstrahlten Community, die der Freund meiner Bekannten anscheinend um sich schart, und den dümmlichen Spekulationen, die sich in den Foren anonymer Hater an derlei Bullshit entzünden, sei mitgeteilt, wie sehr ich Männer liebe. Frauen liebe ich übrigens auch, wie auch alte Menschen, kleine, große, dicke und dünne, Kinder sowieso, die liebe ich am allerallermeisten. Ich liebe Menschen stehend und liegend, Landbevölkerung und Jetsetter, Ossis und Wessis, Hässliche und Schwule. Und Sachsen. Auch Lesben. Menschen aus Thüringen und Brandenburg. Hessen sind auch sehr gemütlich. Barockes Bayern liebe ich ganz besonders. Prachtvolle Kirchen, prunkvolle Pfingstochsen. Pralle Berge in jedem Dekolleté. Auch bayerische Schwule liebe ich. Farbige, Schwarze und alles, was kariert daherkommt, umarme ich auch. Mulatten aus Brandenburg, dolle Nummer, können alle zum Grillen kommen. Da hat man gleich zwei Fliegen mit einer Klappe. Schwule farbige Sachsen hab ich auch meeega lieb. Drei Fliegen mit einer Klappe. Für unterdrückte Randgruppen habe ich bekanntermaßen einen schwachen Punkt im Herzen.

Und ich wüsste auch nicht, wie sonst man die Menschen in all ihren so speziellen Eigenarten, Fehlern und Unzulänglichkeiten umarmen kann. Denn was ich liebe, ist die Bandbreite der Kinder Gottes – und zwar in all ihren Ausprägungen und Verzerrungen.

Deshalb liebe ich Männer, auch wenn sie krank sind und nicht krank sein wollen, weil sie so besonders wehleidig sind. Wenn Männer krank sind, wird es immer gleich ganz dramatisch, auch wenn sie sich nur an einer Überdosis Hustensaft vergiftet haben. Dann husten sie und husten und spucken Schleim ins Becken, und am nächsten Tag erzählen sie in der Kneipe ihren Kumpels, sie haben Blut gespuckt. Ich liebe Männer, auch wenn sie nicht wissen, wohin mit ihren Händen, wenn sie traurig sind am Ende des Urlaubs und wieder ins Büro müssen und nicht wissen wieso. Ich liebe sie, wenn sie nicht über Gefühle reden wollen, weil sie keine Worte finden und vor der Wahrheit davonlaufen, weil sie sich blöd vorkommen. Sie sind ja auch oft blöd. Und wenn sie das merken, schweigen sie.

Dann ziehen sie sich zurück und verstecken sich hinterm *Kicker* oder hören eine Musik, anstatt zu weinen wie eine Frau. Sie merken nicht, dass ihre Socken nicht zusammenpassen, und ziehen sie falsch rum an und sehen Fußball und erregen sich, als ginge es um ihr Leben, und fragen sich nicht, wem das was nützt.

Ich liebe Männer, die unordentlich sind, nicht kochen können und nicht merken, dass man im Handstand ins Zimmer gelaufen kommt, wenn man nur einen guten Arsch hat. Ich liebe Männer, die Bier trinken, weil die Kumpels auch Bier trinken. Und der Bauch ist zu dick und der Chef ein Idiot. Und das macht ihnen schlechte Laune, und dann hupen sie und fahren aggressiv, und dann hasse ich sie kurz.

Ich liebe Männer, wenn sie klein sind und außer »groß« noch gar nichts werden wollen, und wenn sie alt sind und ihre Muskeln trotzdem trainieren und abnehmen wollen und sich in Trainingsanzüge zwängen und es noch mal wissen wollen.

Und wenn sie stolz auf sich sind und wenn sie immer noch nicht weinen, weil doch vieles zum Weinen wäre, aber sie dennoch Witze reißen.

Ich liebe sie in allen Aggregatzuständen, so wie ich alle Menschen liebe, die keinem schaden wollen und die Schädigung anderer nicht billigend in Kauf nehmen.

Das alles möchte ich dem Bekannten der Bekannten gerne sagen, aber ich werde ihn nicht erreichen. Weil Männer ja auch nicht wirklich Bücher lesen. Von jemandem wie mir. Was ein großer Fehler ist. Denn dann würden sie endlich mal anfangen zu verstehen, wie Frauen wirklich denken. Schade, denn nichts ist unangenehmer als das Gefühl, sich von einem anderen gehasst zu fühlen.

Es gibt viele Situationen, in denen man Männern helfen muss. Sie können oftmals nicht mal sich selbst in Schuss halten und werden in fortgeschrittenem Alter, was Frauen angeht, kampfunfähig. Ergeben sich willenlos ihrem Schicksal, wenn sie unterdrückt werden, und entwickeln dann eine psychosomatische Störung.

Dann sehen sie grau, fahl und verhärmt aus, eingefallen und verblüht. Und erzählen allen, sie wären glücklich verheiratet, obwohl jeder ihnen ansieht, dass sie keine Perspektive mehr haben und unter dem Pantoffel stehen. Männer altern über Nacht – von einem Tag auf den anderen. Ein Urlaub reicht, und sie kommen plötzlich ohne Haare zurück.

Um die geschundenen Seelen verstörter Männer zu rehabilitieren, muss man Anleitung bieten, wie sie im Alltag klarkommen. Man kann nicht erwarten, dass ein Mann Verantwortung für andere übernimmt, wenn er nicht mal sein eigenes Umfeld organisieren und unter Kontrolle halten kann.

Frauen haben die Chefetagen erobert, die Versorgungsehe ist abgeschafft, wir verfügen über Abitur, Informationen und Optionen, haben uns also mit einem Leben außerhalb der eigenen Komfortzone arrangiert. Kämpfen vor Gericht, erziehen unsere Kinder selbst, dürfen Männer jagen, Männer verhaften und Bundeskanzlerin sein.

Deswegen müssen die Männer aufholen. Wir müssen ihnen auf die Sprünge helfen, damit sie ihre Defizite ausgleichen, denn wir Frauen sind es, die den Kerlen auf der Überholspur davongelaufen sind. Nun müssen wir Schützenhilfe bieten, wenn es heißt: Jungs, ran an die Bouletten. Wenn ihr Eier aus Stahl haben wollt, dann schafft ihr doch mit links, was wir Frauen früh um sechs vor der Vorstandssitzung oder nachts um drei, nach der Spätschicht als Krankenschwester oder Schauspielerin mal eben schnell erledigen.

Da ihr ja seit Beginn der Evolution meint, es sei ein Frauenjob, die Höhle sauber zu halten, kann es sich dabei ja nur um eine leichte Arbeit handeln. Ein ganzes Jahrhundert habt ihr uns mit der Frage verspottet: »Was machst du eigentlich den ganzen Tag?«, oder uns hämische Lieder komponiert wie: »Das bisschen Haushalt macht sich von allein, sagt mein Mann«. Da müsste es doch ein Leichtes für euch sein, die Silberfische und Stalagmiten in der Höhle zu beseitigen.

Um euch unter die starken Arme zu greifen, habe ich eine schnell abzuarbeitende Liste erstellt, an der ihr euch orientieren könnt, wenn ihr ab sofort die Drecksarbeit übernehmt, die wir Millionen Jahre nebenbei, relativ wohlonduliert und immer mit einem Lied auf den Lippen für euch erledigt haben.

Erstens

Wusstet ihr eigentlich, dass man beim Putzen in der Küche anfängt und erst mal einen Eimer mit warmem Wasser bereitstellen muss? Dann nimmt man einen Lappen, räumt alles beiseite, was im Wege steht, und wischt mit einem kleinen Spritzer Fettlöser alle glatten Flächen ab. Dann schaut in den Kühlschrank. Uggh! Ein alter, stinkender Käse, der bereits ein Eigenleben führt, sich vermehrt hat und die Wände hochkriecht. Schnell die Tür wieder schließen und nur den Kühlschrank außen mit dem sauberen Tuch polieren, damit es ordentlich aussieht, wenn der Postbote kommt.

Den Ofen schauen wir uns an, nehmen einen Post-it-Zettel, auf den wir BACKOFENSPRAY schreiben, und um eben dieses dann anzuwenden und den Ofen picobello zu putzen, reservieren wir in unserem Urlaubskalender die nächste Ferienwoche. Den Post-it-Zettel kleben wir mit einem lustigen Magneten an unseren Kühlschrank.

Zweitens

Jetzt, wo die Oberflächen der Küche gereinigt sind, einschließlich des Herdes, von dem sämtliche eingebrannte Essensrückstände entfernt werden müssen, wischen wir den Boden nach Hausfrauenart. Das ist das einzig Wahre. Alles andere ist in etwa so effektiv wie alkoholfreies Bier. Wir spritzen Zitronenammoniak ins saubere Wischwasser (ja, ins saubere, wir haben uns neues Wischwasser bereitgestellt!), denn das hinterlässt keinen schmierigen Film, auf dem man dann ausrutscht.

Ich habe gesagt, ein kleiner Spritzer bitte und nicht einen riesigen Schuss. Ja, es stinkt, weil die Chemikalie verdunstet, deshalb wischt man, wenn man einen Funken Verstand hat, immer bei offenem Fenster, um die Gase abziehen zu lassen und damit der Boden schneller trocknet. Man begibt sich dabei in eine Position, die ihr vom Doggie Style-Sex kennt, auf alle viere und arbeitet kniend mit festem Händedruck und einer Wurzelbürste Kachel für Kachel ab. Kleckse, Spritzer, Wasserflecken, Nahrungsreste, tote Insekten, Dreck schmutziger Schuhe, alles muss systematisch weggeschrubbt werden. Und klar, dass es euch jetzt schon stinkt. Weil ihr nämlich nicht so schlau seid, zu wissen, dass man vorm Wischen fegen muss, da man ansonsten den Dreck von der einen Seite auf die andere schiebt und niemals loswird.

Also schnell die Kehrschaufel holen und mit (a) Besen und (b) Handkehrer alle losen Flusen, Krümel, Reste, Staub ordentlich zusammenkehren und aufnehmen.

Aber Vorsicht, niemals dort wieder auftreten, wo man bereits gewischt hat. Nur Idioten beginnen an der Tür und arbeiten sich zur Wand vor, nein, man fängt natürlich vis a vis von der Tür unter den Fenstern an und verlässt dann die Küche rückwärts arbeitend, bis sie ausgetrocknet ist. Danach räumt man die Möbel wieder dorthin zurück, wo sie gestanden haben, denn um die Möbel herumzuwischen ist eine ausgesprochene Schweinerei. Ein Tipp: Erhebt euch für das Möbelrücken wieder in eine aufrechte Position und erledigt diese Arbeit stehend. Und zwar ohne zu maulen. So geht es schneller.

Drittens

Wenn ihr schon mal dabei seid und einen Eimer und eure Gummihandschuhe dabeihabt, macht direkt im Bad weiter. Mit dem Badreiniger erst einmal die Becken und Wanne einsprühen und während der Einwirkzeit mit einem weichen, feuchten Lappen mit Antikalkreiniger die gesamten Kacheln abwischen. Die Feuchtigkeit eines Bades leistet der Verkeimung besonderen Vorschub, deshalb müssen alle Elemente aus Stahl gesondert poliert werden und zwar von allen Seiten, bis sie blitzeblank glänzen und Meister Proper uns zufrieden zublinzelt. Mein Kennerblick wird überprüfen, ob ihr auch hinter dem Klo an meiner Lieblingsstelle sauber gearbeitet habt. Hier erkennt man, wie seriös ein Hausmann vorgeht. Unterhalb der Rohre und des Spülkastens bitte besonders sorgfältig mehrfach durchwischen. In die Ecken gehen, die Fußleisten nicht vergessen. Dreckige Handtücher und Lappen auswechseln und in einen gesonderten Wäschekorb für Frotteetücher ablegen. Dann alle glänzenden Flächen mit einem Tuch nachpolieren und Kleinigkeiten, die herumstehen, mit einem Staubtuch abwischen. Jetzt mit Glasreiniger aus der Sprühflasche alle Spiegelflächen einsprühen und mit der Dick-und-durstig-Rolle blitzblank polieren.

Der ein oder andere Kerl kann an dieser Stelle seine Kleidung ablegen und sich zum Reinigen der Dusche selber gleich mit abbrausen. Sprüht sie bitte gleichmäßig mit Domestos-Reiniger ein. Vorsicht, wenn ihr euch bückt! Nicht, dass ihr auf der Seife ausrutscht und aus Versehen mit dem Steiß auf der Flasche Klorix landet, mit der ihr den Boden der Dusche und den Ablauf schrubben müsst.

Wenn ihr dann die Dusche mit einem Glasreiniger abgezogen und alle Kacheln – nebst Fugen – und Armaturen gereinigt habt, dann seift euch selber ab und achtet darauf, dass kein einziges Schamhaar in der Dusche verbleibt. Bitte bei der Gelegenheit auch den Schniedelwutz bei zurückgezogener Vorhaut sorgfältigst sterilisieren bzw. reinigen. Ein letzter Schwall mit der Brause über Kopf und Körper, und dann könnt ihr euch mit den alten Handtüchern aus dem Wäschekorb abfrottieren.

Habt ihr die Toilette ordentlich gescheuert? Auch *unter* dem Rand? Die Brille von allen Seiten erst mit Sagrotan sterilisieren, dann das Becken auswischen und den Sockel der Kloschüssel mit feuchten Tüchern nachwischen. Abschließend werden die Badewanne und das Handwaschbecken ausgespült und mit einem Putzschwamm von Seifenrückständen, Kalkflecken und Ablagerungen befreit.

Viertens

Ihr könnt jetzt in bequeme Kleidung schlüpfen, die ruhig schmutzig werden darf, vielleicht eine alte Jogginghose, Schlappen mit Frotteesocken und eine gemusterte Kittelschürze drüber, da sieht man nicht gleich jeden Fleck. Nun begebt euch in den Wohnbereich.

Mit einem Entstäuber, der magnetisch die Staubpartikel aufnimmt, alle Regale, Flächen, Kommoden, Anrichten, Sideboards und so weiter abwischen. In der anderen Hand haltet ihr dabei einen angefeuchteten weichen Lappen, um bei eurem Rundgang die Ränder von Gläsern, alte Pizza, eingetretene Kaugummis und tote Insekten aufzunehmen. Nun den Staubwedel holen und damit die Kristalllüster, Lampenschirme, Türen abwedeln. Danach holt ihr eine kleine aufklappbare Hausfrauentrittleiter und wischt mit Feuchttüchern die Türen an den Leisten und Oberkanten ab. Hier sammeln sich ganze Kolonien von Staubmilben an und richten sich ansonsten bequem ihre Brutstätten ein, wenn man sie nicht regelmäßig stört.

Es dauert ungefähr eine Stunde nach dem Entstauben, bis sich der aufgewirbelte Staub wieder setzt. In der Zeit wischt ihr mit Glasreiniger alle spiegelnden Flächen, schüttelt die Kissen der Couch auf, wendet sie und klopft sie am offenen Fenster mit einem Teppichklopfer aus Weidengeflecht aus. Jetzt stellt ihr euren Kärcher-Dampfreiniger bereit und wischt alles, was ihr bereits gereinigt habt, mit feuchtem Wasserdampf nach. Gardinenleisten nicht vergessen!

Fünftens

Nun die Betten abziehen, Laken wechseln, Wäsche in die Maschine werfen, Handtücher dazu. Weiß von dunkel getrennt natürlich, und nur bei 40 Grad waschen, mit dem richtigen Waschmittel bitte. Fleckenlöser nur bei Weißwäsche! Hingeschmissene Kleidung eurer Lieben einsammeln, aufhängen, in den Wäschekorb legen und Schuhe ordentlich sortiert wegstellen. Kleiderschränke kann man locker betrachten. Das Schöne daran ist: aus den Augen, aus dem Sinn. Bitte auf keinen Fall unter die Betten schauen. Dort befinden sich Wollmäuse und Staubnester, und es wäre strategisch unklug, sich damit aufzuhalten, wenn ihr weiterkommen wollt. Notiert diesen Punkt in eurem Haushaltsbuch oder auf einem Post-it am Kühlschrank parallel terminiert zu dem Tag, an dem ihr den Backofen reinigt. Heute erledigen wir ja nur die Kleinigkeiten und besorgen das Nötigste. Fürs Grobe nehmen wir uns einmal im Monat Zeit.

Sechstens

Jetzt nehmen wir einen Wäschekorb, sammeln alles ein, was herumliegt – verstreutes Spielzeug, liegen gebliebene Utensilien, Kabel, Kleinkram, Scherzartikel –, und bringen alles an Ort und Stelle. Dort sortieren wir die Dinge ordentlich gefaltet oder zusammengelegt in Schrank oder Schublade. Bücher, alte Zeitungen usw. legen wir beiseite und erledigen die Arbeit des Aufräumens, wenn wir später langsam schlapp werden.

Siebtens

Ja, ihr seid müde, aber ihr müsst weitermachen. Denn bevor ihr zusammenbrecht, müsst ihr den Staubsauger holen und das gesamte Appartement bzw. Haus systematisch saugend von Fusseln, Flusen, Krümeln und Staubpartikeln befreien. Es macht einen Riesenunterschied, wenn ihr ordentlich Staub gesaugt habt. Bitte nicht das Gerät um die Ecken und Kanten der Möbel herumreißen, sondern es auch mal anheben und tragen, damit es das Mobiliar nicht beschädigt. Strategisch ein Konzept entwickeln, wann ihr die Steckdosen wechselt, um Zeit zu sparen. Saugt auch hinter der Couch und unter den Tischen.

Diese Arbeit sollte übrigens täglich erledigt werden, denn ohne gut gesaugte Teppiche werden die Räumlichkeiten immer schlampig aussehen.

Achtens

Jetzt nehmt ihr die Wäsche aus der Maschine und hängt sie auf oder legt sie in den Trockner, wenn ihr so glücklich seid, einen zu besitzen. Ihr dürft nun eine Pause machen und einen Kaffee trinken.

Finger weg von Süßigkeiten, nicht, dass ihr mir aus dem Leim geht. Entspannt euch! Aber schaut mal in den Spiegel, wie ihr schon wieder ausseht! Warum zieht ihr so ein Gesicht? Lacht doch mal! Und lasst den Schmerbauch nicht so hängen, zieht ihn ein und vergesst nicht, dass ihr am Nachmittag noch zur Fitness – Busen, Bauch und Beine – wolltet. Schaut ein wenig aus dem Fenster, das beruhigt die Nerven. Denkt über eure Fehler nach und was ihr morgen besser machen könnt. Habt ihr das Silber geputzt? Die Schränke ausgesaugt? Notiert das in eurem Haushaltsbuch. Die Bügelwäsche häuft sich bereits. Legt einen Bügeltag ein. Notiert es euch. Lest die Zeitung, damit ihr mitreden könnt, wenn es um aktuelle Themen geht, und nicht als verblödeter Hausmann daherkommt.

Finger weg vom Computer! Ihr habt noch lange keinen Feierabend, nur eine kleine Entspannungspause.

Neuntens

Ich habe doch gesagt, ihr sollt nicht an den Computer gehen! Schaut auf die Uhr, ihr seid noch nicht einmal halb fertig mit dem täglichen, normalen Hausfrauenprogramm. Es muss noch das Altglas entsorgt werden, ihr müsst in den Supermarkt, die Blumen pflegen, die Betten frisch aufziehen und Mittagessen kochen. Terrasse und Treppe fegen. Habt ihr die Stiegen gefegt, gewischt und nachpoliert?

Über einen selbst gebackenen Kuchen würde sich die Familie auch mal wieder freuen. Und nicht etwa, wenn ihr Betten macht, dass ihr euch dann heimlich hinlegt und ein Nickerchen macht. Widersteht der Verführung, ein Schläfchen zu machen, denn sooo müde könnt ihr nach dem bisschen Hausarbeit ja nicht sein, das war ja nur das Standardprogramm und nicht einmal ein Großputz. Beeilt euch!

Zehntens

Habt ihr den Fernsehbildschirm abgewischt? Die Kaffeemaschine entkalkt? Seid froh, dass ihr nicht Fenster putzen müsst, das steht ja nur zweimal im Jahr an. Und unter den Sofakissen habt ihr auch nicht gesaugt. Das war heute wirklich nur ein oberflächliches Kurzprogramm, ohne Scheuerleisten und Schränke abwischen.

Elftens

Leert jetzt die Mülleimer, aber sauber getrennt, und packt die Putz-
utensilien weg. Es soll ja nicht nach Hausarbeit aussehen, wenn
ich heimkomme. Ein bisschen Raumbefeuchter oder Febreze-Spray
würde guttun, damit es im Hause frisch und angenehm riecht.

Zwölftens

Ihr könnt euch jetzt was Nettes anziehen und schön die Haare
machen. Ach Gott, ihr habt ja fast gar keine mehr, na bitte, was für
eine Zeitersparnis, aber Augenringe, Pickel und rote Flecken könn-
tet ihr schon mit Camouflage leicht abdecken. Wie sehen denn
eure Hände aus? Bucht bitte einen Termin bei der Maniküre, ihr
habt ja eingerissene Nagelhäute und schmutzige Fingernägel, was
sollen denn die Leute denken, wenn ich mich so mit euch blicken
lasse? Ach und übrigens, es kommen heute Abend sechs Kollegen
aus der Chefabteilung zum Spaghettiessen, das ist ja kein Aufwand, nur ein Salat und als Dessert was ganz Leichtes. Um die
Drinks kümmere ich mich dann. Gott sei Dank, dass die Kinder
Ferien haben und auf dem Reiterhof sind, sonst müssten wir die
heute auch noch zum Fußball und zum Musikunterricht fahren,
aber so haben wir ja viel Freizeit für uns. Wenn ihr dann schön
gekocht habt, den Tisch nett eingedeckt habt, euch ordentlich angezogen habt, charmant den Besuch empfangen und bespaßt habt,
dann müsst ihr gegen Mitternacht wirklich nur noch schnell die
Küche sauber machen, den Rest erledigt ja der Geschirrspüler. Ich
helfe auch ein paar Teller mit raustragen. Seitdem wir die modernen Haushaltsgeräte haben, kann ein Hausmann doch wirklich
spielend nebenher arbeiten gehen, das erledigt sich ja alles von
selbst, zumal bei uns beide mit anpacken.

Ich räume schon mal die Flaschen beiseite und stelle sie vor die
Tür. Morgen früh fahre ich auf dem Weg zum Flughafen direkt am
Container vorbei und entsorge sie. Denn ich helfe ja im Haushalt
mit und unterstütze meinen Hausmann. Du kannst ja schon mal ins

Bad gehen, ein warmes Bad einlassen und dich bettfertig machen und dir was Adrettes überwerfen, damit wir vorm Schlafengehen noch ein wenig plaudern und entspannen können. Du weißt ja, ich gebe dir dann auch eine schöne Massage … ooch, jetzt erzähl mir bloß nicht, du bist müde und hast keine Lust auf Sex. Was hast du eigentlich den ganzen Tag gemacht? Jetzt zieh doch nicht schon wieder so eine Fresse, du hast doch eine liebe Frau, die für dich sorgt! Ich hab dir heute extra einen Blumenstrauß mitgebracht, und nun hast du wieder deine Migräne … Lass dich doch nicht immer so gehen. Früher warst du irgendwie besser drauf … Kerle … Und ich dachte immer, die hätten Eier aus Stahl! Dabei kollabieren sie schon bei ein bisschen Facility Maintenance.

Kein Wunder, dass wir Frauen uns dann am Ende einen Geliebten nehmen, der uns was zu bieten hat und auf sich achtet. Tzzzzzz.

3 Wenn Frauen lernen, wie man eine Glühbirne wechselt ...

Schön, was es heutzutage alles so an kulturellen Veranstaltungen gibt, die man gratis mal eben mitnehmen kann. Meine Geburtsstadt Berlin ist Weltmeister der kostenfreien Vergnügungen für jedermann. Bei uns kann man noch umsonst teilhaben an Lifestyle, Kultur und Fortbildung.

Einsamkeit ist in der Hauptstadt inzwischen ein frei gewähltes Schicksal, denn auch jenseits vom Fitnessklub und Bauch-Busen-Po-Programm kann man aus jedem Feierabend nicht nur in der Metropole, sondern auch in deren Speckgürtel ein kleines Event machen. Jeder Spätkauf im eigenen Kiez bietet eine kostenfreie Kontaktbörse, ein eigenes Kulturprogramm an und lädt mindestens zum Tresenlesen oder Poetry-Slam.

Ja, ein Späti bietet der Kundschaft Highlights, die zwischen eingeschweißten, nach Plastik schmeckenden Sandwiches und Juxgetränken wie dem Futschi oder der kessen Dörrplaume nur entdeckt werden wollen.

Wenn du wirklich mal ein cooles Silvester erleben willst, dann feiere am Kotti einfach in deinem Späti, danach bist du hauptstadtsozialisiert. Wer das nicht verkraftet, soll am besten gleich wieder abfahren ... halbe Sachen sind nicht dem Berliner seine Chose. Wer Defizite in Sachen Humor in unsere schöne Metropole trägt, der soll Leine ziehen.

Aber auch jenseits des Spätis bekommst du deine Chance zur Verbrüderung mit Gleichgesinnten.

Einsame Abende vorm Fernseher? Diese Epoche mutet geradezu prähistorisch an. Man muss ja nicht gleich Abendkurse an der Volkshochschule buchen, um unter Leute zu kommen, das wäre ja schon wieder jenseits der Komfortzone. Nein. Aber wenn die Decke auf den Kopf fällt, wie wär's dann mit einer unverbindlichen Jazz Night im Autohaus? Eintritt frei natürlich. Wer sich als Singlefrau allein gelassen fühlt und sich schüchtern unters Volk mischen möchte, ohne gleich einen Vertrag zu unterschreiben, den zieht es gerne auch in eine der vielen Strandbars.

Berlin ist Open Zone und bedeutet Schlendern inklusive aller Areas für jedermann. Bei uns ist quasi das ganze Jahr über Oktoberfest und Dauerkarneval. Man trifft dabei sogar auf Kerle, die sich als Mann verkleidet haben.

Als Neuberliner gurken Sie am besten mal in salopper Kleidung über die zahllosen Festivals. Schwul-lesbisches Straßenfest zum Beispiel, CSD, Tanztage, Musiktage, Lauftage, Filmfestspiele, Karneval der Kulturen, Grüne Woche, Venus, Berlin-Marathon, bald übernimmt der Berliner die Kieler Woche …

Hocken Sie sich bei Blasmusik in einen Biergarten an die Spree. Springen Sie nackig ins kühle Nass der Krummen Lanke. Zeigen Sie, was Sie zu bieten haben, und lüften Sie Ihre Intimpiercings am Nacktstrand im Wannseebad. Nehmen Sie an irgendeinem Public Viewing teil.

Dem Stubenhocker von einst bieten sich jede Menge Gratis-Möglichkeiten an, dem Katzenjammer durch kollektive Projekte zu entkommen.

Wer sich an Schnupperkurse für Barockmusik im Konzerthaus, die Gratis-Führung hinter die Kulissen der Staatsoper, an die »freie Philharmonie für alle« unter Leitung von Daniel Barenboim erst herantasten möchte, der schaue doch mal, was der Kulturkalender im nächsten Autohaus zu bieten hat: Die Mercedeswelt lockt mit Krimilesungen, Schlagerpartys, Kleinkunst und Travestieprogrammen. Eintritt frei. Meet and greet mit Nino de Angelo. Costa Cordalis zum Anfassen. Autogrammstunde mit dem König von Mallorca. Alles für mau. Kann ja sein, dass nur jeder zehnte Teilnehmer doch nach Ablauf seiner aktuellen Leasingfrist auf Mercedes umsteigt oder zum Antesten eine Probefahrt im Cabrio bucht. Jawoll, Groupon und die Schnäppchendatenbanken haben das Bewusstsein der Kundschaft verändert. Man will nicht Sie, sondern gleich die ganze Zielgruppe.

Und *uns* will man als weibliche Zielgruppe und Shopping Freaks auch in den Zonen, die einst den Männern vorbehalten waren. Quasi so, als würde man dem Bauarbeiter Hackenschuhe verkaufen wollen. Und das Beste ist: Es gelingt!

Okay, nicht jeder lebt in einer Metropole, aber gerade dort hat die Bewegung der Transgenderprodukte ihren Anfang genommen.

Als Einsteigerdröhnung der nicht so begünstigten Landbevölkerung, deren Kiez nicht neben drei Opernhäusern liegt, lockt inzwischen mit Sicherheit ein Einkaufszentrum. Und wo Familien leben, gibt's Möbelmärkte. Dorthin schleust man die Klientel mit Pokerabenden, dem Bauerntheater in der Kulturscheune und Autogrammstunden mit DJ Buddy.

Aber das wirkliche Fortbildungsprogramm, das bietet der Baumarkt. Die einstige Männerdomäne lädt zur Ladies Night! Wenn das keine Zeitenwende ist … Also bitte, meine Damen: die Extensions hochgezwirbelt, in die High Heels geschlüpft, den Busen in die Corsage aufgebockt und das Ministretchkleid angezogen. Früher haben wir uns eine Kinokarte gekauft, heute spielen wir selbst die Hauptrolle in dem Realitystreifen: »Wie wechsele ich eine Glühbirne?«

Gehen Sie einfach mal hin – danach können Sie ganz alleine aus zehntausend Alternativen die einzig richtige Innensechskantschraube heraussuchen, und Sie wissen ganz von selbst, wo die richtigen Energiesparleuchtmittel für Ihren diffus beleuchteten weißen Schleiflackkleiderschrank liegen.

Die Entscheidung für ein Fortbildungsprogramm im Baumarkt kann Ihr ganzes Leben verändern. Bei der nächsten Fachsimpelei mit dem Klempner werden Sie nämlich beim Small Talk über

Sanitärprobleme locker mithalten können. So schnell verarscht Sie keiner mehr mit dem Kostenvoranschlag.

Das ist quasi Open University für die Damen. Und auch hier haben wir wie im Restaurant ein ganzes À-la-carte-Programm zur Auswahl. Einschließlich Samstagabend-Schaumwein-Empfang mit dem Alleinunterhalter Ihrer Region nebst Talent-Casting.

Beliebtes Thema auf dem Programmzettel: »Tropfender Wasserhahn«: ein Basic-Einsteigerkurs sozusagen. Denn in jeder von uns steckt eine Hammerfrau! Ladies in Lederleggings mit Gelnägeln greifen ebenso zum Stemmeisen wie kurz geschorene Busfahrerinnen im Holzfällerhemd. Fliesen legen, Laminat verlegen? Kein Thema mehr für Omma – obwohl die anfangs nur wegen Schnittchen, Drinks und Präsenten kam. Gehen Sie hin, überzeugen Sie sich selbst – das ist gelebte neue Volkskultur. »Woman at work«: Ein Slogan, der rockt im ehemaligen Arbeiter- und Bauernstaat.

Und so ging ich einfach mal mit, mit der Nachbarin, die mir alle vierzehn Tage bei Abwesenheit die Papiertonne an den Rinnstein rollt. Eigentlich wollte sie gar kein Laminat verlegen, aber sie ging trotzdem, denn zur Begrüßung gibt's einen Erdbeercocktail und Losnummern für eine Tombola.

Also gleich mal ein rosa Rotkäppchen aus dem Plastikbecher zur Untermalung durch ABBA. Circa dreißig Frauen vom Erstsemester bis zur Frührente drängen sich um die bespannten Stehtische im Pseudopartyzelt.

Sekunden später drückt mir eine korpulente Lady mit lila Effektsträhnchen im pechschwarzen Kurzhaarbob und einer Sonnenblume aus Plastik im Ausschnitt einen Flyer in die Hand: Das sei mein Gutschein für die Tombola. Kittelschürze war gestern. Heute krempeln patente Hausfrauen in Leggings und elastischem Long Shirt von Harald Glööckler die Keulenärmel hoch. Schließlich ist es Nacht. Und der Matratzendiscount um die Ecke lädt zum Testliegen ein …

Ladies Nights finden zu Zeiten statt, an denen andere im Theater sitzen. Also macht man sich schick. Damit das Paillettentop auch mal unter die Leute kommt. Apricotfarbener Lurexpulli, locker sitzender Zwiebellook in Neonfarben zur Stone-washed-Jeans mit Glitzer auf den Hosentaschen. Partytime – an einem Ort, an dem die meisten Kunden Männer sind. Mit Heimwerkerkursen für Frauen erschließen sich Baumarktfilialketten neue Zielgruppen.

Omma aus Spandau braucht eigentlich nur eine neue Wasserpumpe für den verstopften Ausguss, aber hier wird man ihr schon zeigen, was es alles an Helfern für den Haushalt gibt, die wahres Lebensglück versprechen und nur darauf warten, in den hohen Regalen als Heilsbringer entdeckt zu werden. Waren, von denen Sie nicht wussten, dass man sie zum Überleben braucht. Clogs mit Ponyfell, flammenlose Kerzen, Dämmtrittschutzmatten, um nur einige zu nennen.

Doch Obacht, zwischen den Endlosfluchten mit Senkschrauben, Waschbecken und LED-Leuchtmitteln sollen Frauen mit präseniler Bettflucht in Outdoorjacken und Clogs für immer verschollen sein.

Schon fragt mich eine vollbusige Landfrau in Latzhose: »Kenne ich Sie nicht aus dem Fernsehen?«

Und siehe da, vorne bei den Campingmöbeln ist eine Podestbühne aufgebaut. Dort scheint der Vorstadt-Schlagerstar später Autogramme zu geben.

»Guten Abend, liebe Heimwerkerinnen!«, tönt eine Ansage übersteuert aus den Boxen. Der Filialleiter – blond gesträhnte Föhnwelle, Brille, graue Bundfaltenhose, beiges Hemd mit Dreiviertelarm, schwanger im fünften Monat, stellt marktschreierisch die Preisfrage: »Die wievielte Womans Night ist das heute? Naaaaaa, wer von euch war schon mal dabei?«

Eine jüngere Frau ruft mit russischem Akzent: »Die sechste!«

Und schon hat die Intelligenteste im Saal einen Wochenendtrip auf die Insel Rügen in der Tasche.

Jetzt werden unsere freundlichen Workshopleiter anmoderiert, drei Männer, zwei Frauen. Warum bei der Ladies Night dann doch wieder die Kerle den Coach geben und das Zepter in der Hand halten, ist paradox. Ich hatte geglaubt, hier wären die Frauen am Ruder, aber zum Bespaßen müssen dann eben doch die Kerle ran.

Der Filialleiter feuert eine erste Killerpointe ab: »Unser allseits beliebter Womanizer leitet den Kurs für Trockenbau: klingt trocken, bleibt es aber nicht«, kalauert er. »Und keine Angst vorm Bohren, fangen Sie mit dem handlichen Universalbohrer an, dann klappt's bald auch mit den großen Apparaten und Sie brauchen keinen Mann mehr, um Ihr Loch zu stopfen.«

Bruhaahaaa …

Jetzt stellt sich mir meine Workshopleiterin vor. Sie ist jung, attraktiv und sportlich, mit akkuratem Pagenkopf und dezenten Piercings. Nackentattoo, überlange silberne Gelnägel und locker-flockige Turnschuhe. Sie steht neben einem Heimbetonmischer in Orange und leitet den Kurs fürs Dübeln, Mauern und Bohren – mit Hammer oder Schlagbohrern von Metabo. Mit zarten Fingern streicht sie über die gewaltigen Kaventsmänner und erklärt, dass es unmöglich sei, sich damit zu verletzen. Das Schlimmste, was passieren kann, ist, dass Ihnen die Spitze wegbricht und im Beton stecken bleibt.

»Das Quotengirl«, tuscheln die Frauen neben mir.

Der Filialleiter sagt: »Bevor es jetzt richtig losgeht, noch etwas, was für viele Frauen sehr wichtig ist.« Dann beschreibt er den Weg zur Toilette. Alles lacht.

Zwei Frauen neben mir, beide um die vierzig, schwärmen vom Baumarkt als Singlebörse.

Eine Frau im Karohemd sagt: »Hier lernst du noch Männer in ihrem natürlichen Umfeld kennen.«

Ah, verstehe, Parship mit anfassen … hier ist wohl noch mehr drin, wenn man nur an den richtigen Rohrleger gerät. Dabei dachte ich, es geht hier darum, selber Hand anzulegen. Fragt sich nur, bei wem?

So wird die Ladies Night also gestaltet: zotig, flott und ein bisschen frivol. Das ist der Baumarkt von heute, wenn er Frauen gefallen will. Ein paar Schlagbohrer in Pink, beleuchtete Glitzerbilder von den Malediven und viiiiel LED-Deko. Und natürlich Orchideen in Kassennähe. Kitsch und Tand an jeder S-Kurve mitten in den Weg gestellt.

Aber jetzt suche ich erst mal meinen Workshop, und siehe da, man erwartet mich dort drüben, wo das riesige Plüschtier in Orange winkt: ein Nummerngirl im Fellkostüm. Soll wohl putzig sein. Ich will der Putzigkeit nicht im Wege stehen und nicke dem Maskottchen freundlich zu. Damit sich niemand verläuft, verteilt das orange Es Zettel mit dem Lageplan. Sechsundvierzig Ladies sind wir, angemeldet hatten sich nur achtzehn. War wohl sonst heute nicht viel los im Umland.

Zunächst gibt es einfache Tipps vom Quotengirl für alle Arten der Selbstmontage:

Bevor man anfängt, soll man prinzipiell kontrollieren, ob alle Teile parat liegen. Man soll sich alles Zubehör und jedes Werkzeug vorher aufreihen, um festzustellen, was fehlt und ob Montagesets komplett sind. Klar, kenne ich vom Backen. Nur das eben hier ein 19er Maulschlüssel und ein Hebelmischer die Zutaten sind.

Gelegentlich gibt es auch Tipps von Frau zu Frau. Dann sagt eine Gabi neben mir murmelnd mit Rippenknuffer zur Nachbarin: »Kleine Kinder freuen sich immer, dabei den Knetwulst abzupiddeln.«

Eine Frau will wissen, ob es biegbare Rohre gibt. Eine andere fragt, ob man zwei Waschmaschinen gleichzeitig anschließen kann und ob die billigen Armaturen mit Plastikteilen schneller kaputtgehen.

Mir dämmert: Das hier ist gar kein Anfänger-, sondern ein Profikurs. Außerdem will ich überhaupt kein Klo montieren, und mein Ausgussknie ist auch nicht verstopft.

Viele der Teilnehmerinnen haben nicht mal ein eigenes Haus; Heimwerken ist für manche ein Hobby, für andere eine Datingplattform. Da muss man natürlich so lange umbauen und Böden abschleifen, bis man den richtigen Macker getroffen hat.

»Frauen muss man Mut machen, man muss sie animieren, sie

brauchen Anleitung, sind dann aber sehr interessiert und stellen viele Fragen«, sagt der Filialleiter. Er macht die Runde und gibt bei allen Kursen sein kleines Zwischenspiel. Zur »Women's Night« wäre es gekommen, erzählt er, weil bei den gemischten Workshops die Männer blöde Sprüche gemacht und die Frauen für ihre Kommentare ausgelacht hätten. Viele Beschwerden gingen ein, oder die Frauen blieben ganz weg. Wie im Fitnesscenter also, wenn die Dicke sich als Anfängerin in den Bodybuilderkurs verirrt.

»Die Mädels trauen sich einfach mehr zu, wenn sie unter sich sind«, erklärt er. »Mädels« nennt er auch die älteren Damen. Wie ein Eintänzer. Überhaupt sind hier alle »Damen und Ladies«, wie auf einer Tea Party in England.

Er ist stolz, dass seine Filiale ihr Angebot auf Frauen eingestellt hat: »Wir haben ja eine große Tapetenabteilung. Und auch die Flokatis laufen gut.«

Aha, denke ich mir. Nur noch eine Frage der Zeit, wann man sich hier das Silikon für die eigene Hüftaufspritzung abholen kann. Einige der anwesenden Ladies wären gut beraten, sich selbst erst mal einen OP-Tisch zu zimmern und den Stukkateur Hand anlegen zu lassen. Die günstige Betonmischmaschine würde sich als hilfreich erweisen.

Auch das Umfeld sei wichtig, gibt der Leiter der Truppe zu bedenken. »Mit einer Ikea-Filiale in der Nähe und einem Media-Markt sind wir günstig aufgestellt.« Das Werkeln nimmt also einen großen Raum ein, und das Mitternachtshäppchencatering scheint eine lohnende Investition zu sein.

Etwa eine Stunde lang erklärt meine Kursleiterin im Sanitärworkshop, wie man Armaturen, Rohre und Abflüsse befestigt. Wobei sie Einzelteile in die Luft hält und Werkzeuge zeigt.

Schließlich kommen wir zu meinem Thema: dem Austausch meiner Klobrille. Ich habe seit fünfundvierzig Minuten unnützes Wissen konsumiert, für das ich nie Verwendung haben werde, weil ich bestimmt nicht mein Toilettenbecken rausreißen werde, um in der Besenkammer ein neues Gästeklo einzurichten. So die beliebte

Idee vieler meiner Mitstreiterinnen. Engagierte Amateure mögen keine halben Sachen. Aus einem Spaziergang wird in Brandenburg eben schnell ein Fußmarsch, und eine geplante Renovierung des Obergeschosses kann mit dem Abriss des Dachstuhls enden. Eine ausgediente Scheune umzusetzen schreckt zwar mich, aber nicht die versierte Landbevölkerung. Auf dem Land wird noch angepackt.

Zwischendurch gibt es ein bisschen Werbung für die hauseigenen Produkte und am Ende noch eine beruhigende Nachricht für alle Zweifelnden: »Im Notfall haben wir auch einen Montageservice.«

Nun muss ich selbst ran an das Klosett. Klobrillen nehmen in der Sanitärabteilung zunehmend Raum ein. Von selbst schließenden Gleitdeckeln für Leute, denen es zu anstrengend ist, den Sitz selber zurückzuklappen, bis zu fluoreszierenden, beleuchteten Witzsitzen verspricht der Baumarkt Unterhaltung pur auf dem stillen Ort.

Ich entscheide mich für einen Acrylsitz mit eingelassenem Strandgut, leicht montierbar. Damit kann man ja mal den Sommer überbrücken. Wer erst mal gelernt hat, einen Toilettensitz selbst auszuwechseln, kann saisonal damit stimmungsvolle Akzente setzen.

Ich schnappe mir die Anleitung und gleiche den Inhalt des Montagesets mit meinen »Backzutaten« ab. Offenbar gibt es so etwas wie eine handwerkliche Grundausstattung für Heimwerker, denn obwohl laut Anleitung »alles was Sie brauchen« enthalten sein soll, fehlen gewisse Teile. Weder ist ein Schraubenzieher noch ein Hammer im Komplettset enthalten. Ich als Laie weiß ja nicht mal, was die Basics sind.

Allerdings steht wie ein Reklameslogan quer über die Verpackung ein »Störer« (Fachsprache aus der Werbebranche) gedruckt: »Scharniere verstellbar!« Aha. Klingt nach Hilfestellung für Anfänger. Aber was sind eigentlich Scharniere? Scheint sich um Verbindungsteile zu handeln. Damit irgendwas auf- und zuklappen kann. Kennt man ja von Schränken. Unterlegscheiben sind wohl dabei, damit der Deckel an das Unterbecken angepasst werden kann, also quasi wie bei Schuheinlagen. Was nicht passt, wird passend gemacht. D'accord. Achtermuttern kenne ich vom Fahrradfahren, aber wo ist mein Sechskantschlüssel? Bin ja nicht zu Hause, also kann ich danach jetzt gar nicht suchen. Braucht man wohl, wenn man als Heimwerker überleben will. Nebenbei sortiert meine tätowierte Lehrmeisterin alles in einen hübschen Weidenkorb, was mir offenbar an Grundausstattung fehlt, damit ich anschließend gleich weiß, was ich kaufen muss.

Was fehlt noch? Gewindebolzen gekröpft. Himmel, Arsch und Zwirn, was ist das denn? Meine Bewährungshelferin aus dem Baumarkt sagt: »Dabei handelt es sich um genormte Verbindungselemente. Damit wird die Buchse für die Spannpratze eingehängt. Eine Grundvoraussetzung, damit die Tragwange an der Passfeder mit der Fallringsicherung installiert werden kann.«

Der kleine Mann, der auf meiner linken Schulter sitzt, flüstert mir ins Ohr: »Du alter Wirbelbock, schieb dir doch deinen Einspannzapfen in den allseitig dehnbaren Lastbock.« Aber ich lasse mir nichts anmerken und mache mit Pokerface weiter.

Erst mal nehme ich die Toilettenbrille in die Hand, das kann ja nicht falsch sein. Klar ist mir an diesem Punkt zumindest, dass die Lochgröße auf das Toilettenbecken passen muss. Mein Klo habe ich aber ja nun leider nicht mitgebracht. Die Brille passt zumindest auf die Toilette, die vor mir zwecks Demonstration aufgebaut ist, jedoch erkenne ich, dass meine Schüssel irgendwie anders aussieht. Ich hatte einst den Fehler gemacht, mir ein Designerbecken auszusuchen, welches mit normierter Standardware nicht kompatibel ist.

Aber der erwähnte Achterkunststoffsteckschlüssel fehlt eh noch. Das Quotengirl hält ein Exemplar hoch und wirft das Teil in meinen Weidenkorb. Ich, die nunmehr stolze Besitzerin eines Achterkunststoffsteckschlüssels, soll Gummiringe auf Scharniere aufsetzen, damit »zwischen Metall und Keramik kein Kontakt zustande kommt«. Sonst schleift der Deckel. Deshalb soll ich die metallenen Unterlegescheiben montieren. Dann muss ich das einzuschraubende Gewinde von hinten und unten aufsetzen. Die Gummiringe fallen mir dabei in meine Trockenübungstoilette. Wäre ich im Flugsimulator, wäre ich jetzt schon abgestürzt. Dann lägen die Plastikteile schon mal im Wasser und müssten aus dem Toilettenknie rausgefischt werden. Aber dafür üben wir ja am Trockenbau.

Die Dichtung muss von hinten aufgesetzt werden. Moment mal, dämmert es mir, ich hantiere hier an einer frei stehenden Toilette, die auf einer Art Bühne nach allen Seiten Zutritt ermöglicht. Das tätowierte Baumarktquotengirl bespielt ihr Demoklo von allen Seiten, da es leicht zugänglich auf dem Präsentierteller steht. Mein Klo zu Hause ist jedoch fest in der Wand installiert. Um hier »eine Dichtung von hinten aufzusetzen«, müsste ich daheim vorm Klo knien und mit abgeknickten Handgelenken blind arbeiten. Selbst wenn ich mich wie ein Automechaniker flach auf dem Rücken liegend unters Klo schieben würde, könnte ich nichts sehen, denn die Gewinde befinden sich unterhalb des Wasserkastens meiner in der Wand verankerten Toilette.

Wie soll ich denn da bitte schön die Flügelschrauben aufdrehen? Mein Kopf passt ja nicht hinters Becken. Und wenn ich mich nicht irre, sind meine Augen fest in der Vorderfront meines Kopfes installiert. Ich muss also die Gewinde blind erfühlen und ertasten. Dabei hat mir doch meine Lehrbeauftragte für Kloinstallationstechnik vorhin ein paar Handwerkerhandschuhe in meinen Weidenkorb gelegt, damit ich mir meine Maniküre nicht versaue. Irgendwie kriege ich es mit dem Übungsklo hin, aber ich weiß jetzt, dass ich nie allein einen Toilettendeckel montieren möchte. Außerdem wackelt er.

Gabi sagt: »Ich hab's mir schwerer vorgestellt.« Sie plant, zu Hause zwei Waschbecken auszutauschen. Aber vorher gibt es noch mal Sekt und die Gewinne aus der Tombola. Trostpreis: ein Handwerkerset. Erster Preis: ein Wellness-Wochenende in der Uckermark. Das hat man auch nötig, nachdem man das Bad neu gefliest hat.

Es ist mittlerweile halb zwölf nachts. Nur wenige Frauen laufen noch durch die Gänge, um das gesamte Sortiment in Augenschein zu nehmen. Einige wenige besonders Eifrige fragen die Mitarbeiter nach weiteren Tipps beim Dämmen, Dübeln und Abdichten. Und ein paar Frauen – sehr angeheitert, sehr blond, Mitte vierzig – tanzen zu »Girls just wanna have fun«. Die »Women's night«, das sei ihr Mädelstreff, erklären sie mir. Und packen vorm Heimweg noch eine große Palette Vanille-Duftkerzen in den Einkaufswagen.

Als Präsent für alle gibt es dann noch vom zotteligen Plüschtiermaskottchen einen Zollstock in die Hand gedrückt. Der ist so klein, dass man ihn zum Vermessen einer Hundehütte für den Zwergpudel verwenden kann. Ein Taschenzollstock für die Handtasche, für alle, die es nicht lassen können. Damit man immer an den Baumarkt erinnert wird.

Schon um zu zeigen, dass Bangemachen nicht gilt, nehme ich meine Acrylbrille und alles aus dem Weidenkorb mit nach Hause und schminke mich ab. Mal sehen, ob du das schaffst, sagt mir meine innere Stimme. Das Heimwerkerset für die Installation meiner neuen Brille müsste ja komplett sein. Und ich habe mich unter der Anleitung von Profis abgesichert.

Ich halte die neue Strandklobrille provisorisch auf meine Designerkloschüssel und spiele alle eingeübten Schritte mental noch mal durch. Dass mein Kopf nicht zwischen Wand und Kloschüssel passt und ich blind arbeiten muss, weiß ich als Profi schon. Aber Moment, links steht meine Badewanne. Da komme ich mit der Hand ja gar nicht an die Innen- und Unterseite meines Klosetts, um die Flügelmuttern festzudrehen oder von außen etwas dagegenzusetzen. Dann folgt daraus also, dass ich die Badewanne rausreißen muss, damit ich den Klodeckel festschrauben kann? Ja, genau das heißt es. Davon lebt schließlich eine ganze Branche!

Denn das Schlimmste, was einem Baumarkt passieren kann, ist, dass die Kundschaft fertig wird. Solange es hakt und klemmt, kommt der emsige Heimwerker garantiert wieder, also Hauptsache, er bleibt Amateur. Eine schöne chronische Krankheit bedeutet dem Hausarzt eben auch mehr als ein schnöder Schnupfen. Kunden, die fertig werden, sind verloren für den Baumarkt. Ein guter Kunde

produziert Anschlusskosten. Er muss wiederkommen, um nachzu-
rüsten, weil Probleme aufgetaucht sind, die er vorher nicht ahnen
konnte. Gute Kunden sind Amateure. Schlechte Kunden beenden
ihr Projekt.

Ein Profi weiß, dass Badewanne und Toilettenbecken fest installiert und nicht von allen Seiten bequem zugänglich sind. Mir ist
das vorher nie aufgefallen. Deshalb speichere ich noch im Bett die
Telefonnummer vom Montageservice fix in mein Mobilphon ein.
Morgen früh bestelle ich gleich einen Profi. Er weiß, wie man eine
Schraube befestigt, wenn zwischen Klo und Wanne nicht mal ein
Blatt Papier passt. Bei der Gelegenheit können die mir gleich ein
paar Glühbirnen einschrauben. Denn ich weiß ja nicht mal, nach
welcher Seite man das Haus drehen muss, damit das Schraubge-
winde in den Sockel meiner Hängelampe passt.

4 Der männliche Körper ist besser designed als das männliche Hirn

Mit meiner Entwicklung zur Frau ist irgendetwas schiefgegangen. Kennern meiner Bücher ist das bekannt. Sie wissen, dass ich mich häufig mit Dingen beschäftige, die zu Zornesfalten, Pickeln und Migräne führen. Dinge wie FIFA, sexistischer Mist, Flüchtlingsproblematik.

Immer häufiger kommt es aber vor, dass sich mein Blick sehnsuchtsvoll verklärt, wenn ich an meinem von Dornen umrankten Arbeitsplatz über die verpasste Chance auf ein Dasein ohne eigene Karriere unter der Obhut eines Mannes nachdenke. Es hätte alles so viel bequemer sein können. Ein Mann, der ein mittelständisches Unternehmen führt, ein beschauliches Dasein in der Provinz, drei Kinder, einmal im Monat freiwillige Feuerwehr, zwei Wochen Pauschalurlaub, Gemeinderat, Golfklub und ein planbarer Feierabend.

Aber nun ja, auf einen abgefahrenen Zug kann man eben nicht mehr aufspringen.

Durch die gewonnenen Kapazitäten, die mir andererseits zur Verfügung stehen, weil ich weder Hemden bügeln noch Socken sortieren, das Altglas entsorgen oder am Wochenende den Kühlschrank füllen muss, haben sich meine Antennen für die neidvolle Beobachtung meiner Geschlechtsgenossinnen geschärft: Was für Möglichkeiten hat meine Generation, die Persönlichkeitsentwicklung zu optimieren, bevor man uns ungefragt den Seniorenteller serviert?

In der Mitte des Lebens wandte sich die Generation unserer Mütter unter Anleitung von Volkshochschulkursen der Herstellung von Makramee-Blumenampeln, Strumpfblumen und Salzteignamensschildern zu. In den Achtzigern folgte die Welle der staubigen Trockenblumensträuße. Man wollte toten Ästen, verblühten Lavendelbüschen und Biedermeiersträußen mit weißer Schmuckmanschette ein Flair von Ewigkeit verleihen. Die Ruhigstellung nervöser Hausfrauen jenseits der Lebensmitte erfolgte unstrittig über Bastelarbeiten. Kneten, ausstechen, flechten. Sie sollten den Mund halten und bekamen eine Klebepistole geschenkt. Diese taktische Erziehungsmaßnahme kennt man ja aus der Resozialisierungstherapie vom Knast. Alles scheinkreative Projekte, um der Daseinskrise zwischen Waschmaschine, Bügelbrett und Großeinkauf zu entrinnen.

Heute sind wir weiter.

(Haus-)Frauen, bei denen noch Luft nach oben im Kalender ist, verfallen dem Cupcakefieber. Naschwerk in Pastell … wie schön kann das Leben sein, wenn man nur auf Optik achtet. Hier dürfen wir Mädchen sein. Und wir sind dankbar, dass man es uns alten Feministinnen erlaubt.

Gegen das Mädel in uns anzukämpfen ist wie der Krieg gegen die Drogenbarone. Er verschlingt Millionen, schadet mehr, als er nützt, ist aussichtslos und wird niemals enden. Alles, was Frauen, die sich an sexistischer Werbung die Zähne ausbeißen, sich aus politischer Korrektheit versagt haben, bricht sich beim Cupcakewahn Bahn.

Der Konsum beginnt schon vor dem Schaffungsprozess. Denn eine beseelte Cupcake-Lady haut ihre Eier nicht in irgendetwas hinein, sondern sie besorgt sich eine Rührschüssel mit Eulendesign. Wohl aus dem Wunsch heraus, der Eintönigkeit des hausbackenen Alltags ein neues Gewand zu geben. Den überqualifizierten Kindern der Emanzipation wurde vermittelt, keinesfalls so enden zu dürfen wie die eigenen Mütter, die voller Stolz den ordentlich sortierten Wäscheschrank und die gut gefüllte Tiefkühltruhe vorweisen konnten. Genau deshalb wird heute sogar das banale Kuchenbacken zum Event aufgepimpt. Um eben allem, was man angeht, einen professionellen Anspruch zu verleihen. Denn damit wir nach Höherem streben, dafür haben sich ja unsere Eltern in den Sechzigerjahren krumm gelegt.

Nur leider haben die Kinder der Emanzipation bei ihrem Groß-projekt um Gleichberechtigung eine Kleinigkeit übersehen: Je mehr Frauen die Chefetagen erobern, desto ehrgeiziger übernehmen sie auch schlechte männliche Gewohnheiten. Haben wir doch eine Gesellschaft kreiert, in der es für alles einen Wettbewerb, sprich Rankings gibt. Sogar für die Cupcakes in der Nachbarschaft.

Aber nicht nur da setzt sich die Männertümelei durch. Was machen also Mädels mit Abitur, Qualifikationen, einer abgeschlossenen Be-rufsausbildung, einem Schrank voller Stilettos, drei Fremdsprachen und fünftausend Facebook-Freunden, wenn es heißt: lets Boogie-Woogie?

Sie wollen nicht nur die Dünnste sein, supersexy und in die Low-Cut-Designerjeans Größe Sub Size Zero passen, sondern auf der Party die Besoffenste! Cool ist, wer den Absinth weghaut, bis die Birne platzt. Populär ist, wer nicht nur einen überdurchschnitt-lichen IQ hat, sondern im Schlampenoutfit die Kerle unter den Tisch säuft. Ist ja auch knorke, gelingt aber eben nur den Top Ten. Und der Rest macht sich zum Affen.

Ja, es gibt Momente, in denen ich verstehen kann, warum Männer in der Tiefe ihres Herzens eine ewige evolutionsbedingte Skepsis emanzipierten Frauen gegenüber hegen. Letztlich wird eben doch gelacht, wenn die deutsche Frauenfußballmannschaft mit rot la-ckierten Fingernägeln, dreckigen Stutzen, aufgeschlagenen Knien und Damenbart den Pott holt. Und misstrauisch respektvoll ge-schwiegen, wenn die sportliche Pilotin die Passagiere beim Boar-ding im Airbus begrüßt. Ups, denkt man sich und setzt das Poker-face auf. Ups, eine Frau am Steuer ... na, wenn das mal gut geht ...

Ich, der älteste Teenager der Welt, scheine wohl so gar nicht emanzipiert zu sein. Denn ich bestelle ja einen Techniker, damit er mir den Videorekorder programmiert. Ich bin und bleibe die Toch-ter meiner Mutter und weiß, dass dies ein Klischee ist. Aber Kli-schees haben auch einen guten Grund!

Um zu begreifen, wie Frauen sich verrannt haben, muss man nur zu vorgerückter Stunde in einem angesagten Etablissement die Toilettentür einen Spalt weit öffnen. Diese winzige Momentaufnahme, dieser Teilausschnitt des gesamten Spektrums unseres modernen Daseins verschafft einen ungeschönten Blick auf die aktuelle Lage von Frauenseelen. Und was sich da offenbart, ist ein Abgrund ungeahnten Ausmaßes: Das Gegackere von vier betrunkenen Frauen, die sich totaaaaaaaal emanzipiert gegenseitig den Lippenstift nachziehen, die Luft mit Haarspray vernebeln und über die anderen Partygäste lästern, sich gegenseitig die Abdeckstifte klauen und später dann auf Küsschen, Küsschen und »Wir sollten uns unbedingt wieder öfter sehen, du!« umsteigen. Dazwischen wird gerne mal cool ins Becken gekotzt oder eine Runde geflennt. Man will das gar nicht wissen. Und mehr muss man auch gar nicht wissen, um zu begreifen, dass Männer und Frauen nie gleich sein werden. Fünf Minuten auf einer Damentoilette reichen, um sich neben Händewaschen, Pinkelpause und Make-over die Eckdaten der Lebensgeschichten und den Hormonstatus anzuvertrauen.

Die Prosecco-Hysterie erreicht ihren Hieronymus-Bosch-artigen Showdown prinzipiell vor dem Spülkasten. Wenn die Küche das Herz jeder Party ist, dann ist die Damentoilette eines jeden Etablissements ihr Epizentrum: das Klo als der ritualisierte Ort geteilter Geheimnisse und getrockneter Tränen, geflüsterter Geständnisse und geplanter Rachefeldzüge.

Das Scheißhaus ist der Ort der Wahrheit! Die SMS, die von dort versendet werden, stellen Weichen. Vom Damenklo aus navigieren wir unsere Zukunft!

Denn die Damentoilette hat den Beichtstuhl abgelöst. In den Achtzigern wurde dort gekokst, heute werden dort Allianzen geschmiedet.

Willst du an Weisheit gewinnen, werde Klofrau. Willst du die Welt kennenlernen, begib dich in die Sanitärbereiche gefragter Klubs. Beziehe deine Bildung aus einem Refugium der Weiblichkeit, zu dem Männer keinen Zutritt haben. Es ist nicht immer schön dort, aber erhellend ist es immer. Ich gebe dir drei XXS-Tampons für eine Applikatorhülse in XL.

Warum noch einen Ashram auf Bali besuchen, wenn die Reise nach innen im Sanctuary jedes Klub-Klos beginnt?

Beim Toilettentalk nach Mitternacht reden Frauen so, wie Männer sie nie erwischen wollen: Hier, in dieser geschützten Parzelle, dürfen sie ein ganzer Kerl sein.

Die harte Realität wird ohne Photoshop und Fakebook im blauen Neonmischlicht gnadenlos auf den Tisch gepackt. Hier wird Bilanz gezogen über Schwanzgrößen, Kontostände, Hefepilzinfektionen, Lug, Trug, Beschiss und falsche Brüste. Und je mehr der Pegel steigt, desto nüchterner die Erkenntnisse.

Gesellschaftlich ist es mittlerweile akzeptiert, wenn die selbstbewusste Frau sich einen hinter die Binde kippt, dass es kracht. Und Minderjährige feiern, bis der Arzt kommt, um in die Fußstapfen der Dreißigerinnen zu treten, die mit einem Ausschnitt bis zum Nabel und einem Schlitz bis zum Steiß den Tequila weghauen.

Das Phänomen besoffener Weiber zieht sich durch alle Gesellschaftsschichten. Es fängt mit dem Proseccogeschlürfe auf hohen Schuhen an und endet kotzend auf dem Damenklo. Die harte Schule, um vorbereitet zu sein, wenn der Chef mit einem später mal einen Saufen geht. Gut drauf und sexy sein ist zum Trendsport geworden.

Die pinkfarbene Blubberbrause wird bald von Cosmopolitans und Martinis der Zwanzigerinnen abgelöst. Darauf folgen ab dreißig dann Whisky, Wodka und Gin, wenn man von der Peer Group ernst genommen werden will. Chefetagen schätzen keine halben Sachen, und in Krisenzeiten hilft Alkohol seit jeher als Mittel der Diplomatie.

Nach ein paar Gläsern Wein erscheint die Welt schon viel freundlicher, und nach ein paar Flaschen sind die Differenzen nicht mehr so groß – geht es doch bei der After-Work-Party um die Bekämpfung der Nüchternheit. Irgendwer drückt einem auf Partys immer ein Glas in die Hand. Und wer nur nippt, der trinkt nicht. Ist er etwa ein Lügner? Oder hat er vom guten Geschmack keine Ahnung – man muss sich doch im Geschäftsleben auch mal trauen, einen Schritt zu weit zu gehen und mit dem Rausch zu flirten.

Wer säuft, hat in unserer Gesellschaft ein Problem. Wer nicht mitsäuft, aber auch. Er gilt als sozialer Störfall. Er macht sich verdächtig. Wer nicht trinkt, entzieht sich sozialen Zusammenhängen und althergebrachten Traditionen.

Jahrhundertelang war das Trinken nämlich auch ein Zwang. Es konnte nicht abgelehnt werden, wenn es ans Zutrinken ging, wie das rituelle Leeren der Becher damals hieß. Geschäfte wurden so besiegelt, Lehnsverhältnisse, Ehen, alles.

Ich für meinen Teil nippe nur. Denn die Gratwanderung zur Übelkeit ist bei mir sehr schmal. Schnell empfinde ich den Alkohol als ein Zellgift, das meine sensiblen Nervenzellen schädigt, indem es unkontrollierbar seine toxische Wirkung entfaltet. Ich spüre dann regelrecht, wie das Glas Schnaps durch meinen Körper transportiert wird, sich in meinem zarten Gewebe verkantet und meine gesamte seelische Verfassung auf den Kopf stellt und aus dem Gleichgewicht bringt.

Da ich wenig trinke, entfaltet mein eher seltener Alkoholkonsum seine Wirkung umso intensiver: Nach nur zwei Gläsern Wein knallt mein Kopf auf die Tischkante und ich laufe Gefahr, mir ein blaues Auge zuzuziehen. Und da ist nachweislich was dran! Ausgerechnet der unregelmäßige Konsum relativ großer Mengen hat schnell einen Vollrausch und Alkoholvergiftung zur Folge und ist verbunden mit tragischen Unfällen, üblen Verletzungen und Gewaltausbrüchen sowie mit einem höheren Risiko für Schlaganfall. Und wenn man sonst nichts trinkt, sind drei Gläser Champagner eine relativ große Menge, die körperliche Störungen verursacht. Gott, was hab ich schon vorm Klo gelegen und in hohem Bogen die Manhattan-Cocktails quer über meine schöne Tapete gekotzt!

Aufgrund dieser wenig damenhaften Befindlichkeiten habe ich für mich als apartes Party-Accessoire die Bierflasche entdeckt. Gaaanz raffiniert von mir, denn da habe ich was in der Hand und ansonsten meine Ruhe. Es kommt kein Kellner und schenkt mir dauernd nach. Mit der Flasche in der Hand kann ich einen ganzen Abend bestreiten, ohne unangenehm aus dem Rahmen zu fallen. Eine Bierflasche liegt auch leer noch elegant in der Hand. Sie ist sozusagen wie eine Clutch Bag. Und meine Bierflasche dient nicht dem Trinken, sondern der Abwehr anderer Getränke. Sie signalisiert nonverbal, dass ich locker, cool und ein Sportfreund bin, mit dem man Pferde stehlen kann, weil ich lässig einen Bauarbeiterhabitus einnehmen kann, ohne dabei prollig oder unnatürlich zu wirken. Und das alles, weil ich nichts vertrage.

Wie gut die Täuschung funktioniert, beweist die Tatsache, dass ich neulich sogar als »Saufkumpanin« bezeichnet wurde. Eine Freundin, die ich zu einem Event abholte, verabschiedete sich von ihrem Mann, und er rief ihr mit einem Blick auf mich, zu der sie ins Auto stieg, hinterher: »Grüß mir deine Saufkumpanin!«

Das also assoziieren Männer, wenn es um Freizeitgestaltung unter Freundinnen geht. Da wir bekanntermaßen nicht lesbisch sind, kann der Grund der Verabredung nur ein Saufgelage sein. Rauschtrinken, Exzess, Zecherei – die Spielsucht wird nicht weit sein. Das ist der Kosmos eines Mannes.

Der männliche Körper ist eben doch besser designed als das männliche Hirn.

5 Wie kriegt man Männer stubenrein?

Wer entscheidet über Krieg und Frieden? In den letzten hundert Jahren entschieden immer kleine Gruppen von Menschen über Krieg oder Frieden und das über die Köpfe von Millionen Menschen hinweg. Dabei spielt es keine Rolle, ob es sich bei dem jeweiligen politischen System um eine Demokratie oder Diktatur handelte. Es wird immer Kriege geben, weil Menschen keinen Frieden wollen.

Aber warum wollen Menschen keinen Frieden? Weil sie glauben, auf unterschiedlichste Art und Weise vom Krieg zu profitieren. Sie versprechen sich Gewinn, Freiheit, Fortschritt, Grenzenlosigkeit und Herrschaft.

Machtstrukturen an sich zu reißen war seit jeher die Domäne und das Element von Männern. Sie sind es, die eiskalt die Söhne der Mütter als Kanonenfutter ins Feld geschickt und die Fliegerbomben abgeworfen haben. Mehr muss ich nicht wissen.

Der Einfluss von Frauen in diesem Spiel ist auf der historischen Richterskala gerade mal fünf Minuten alt. Und um überhaupt ans Ruder der Macht zu gelangen, ist es auch heute noch besser, in trittfestem Schuhwerk mit Blockabsatz und den alten Mänteln von Helmut Kohl daherzukommen, als weibliche Impulse zu setzen.

Um sich in diesem ewigen Dilemma zu behaupten, blieb unseren Ahnfrauen im jahrtausendealten Patriarchat nichts weiter übrig, als sich zu arrangieren. Hatte man das Glück, dank Schönheit und der richtigen Familienbande eine Zweckgemeinschaft oder Versorgungsehe einzugehen, oder war man tatsächlich der Aura eines einflussreichen Mannes erlegen und angesichts seines Macht-gehabes dahingeschmolzen, dann durfte man sich nicht wundern, wenn man eine potenzielle Ladung Dynamit am Frühstückstisch hatte. Oder im Bett. Das wünscht man sich als Frau ja auch für die Erotik. Wer zieht in der Kiste schon die pazifistische Schlaftablette vor?

Jeder einzelne orgiastische Schuss eines Mannes beinhaltet mit 150 Millionen Spermien genügend Potenzial, um ganz Europa zu befruchten. Das muss man sich mal vorstellen! Wie gut da doch Mutter Natur vorgesorgt hat. Allerdings scheint es bei einer Viel-zahl männlicher Exemplare, denen man so begegnet, kaum vor-stellbar, dass von 150 Millionen Spermien dieses eine das schnellste gewesen sein soll. Im entscheidenden Moment hat mal wieder eine trübe Tasse das erste Rennen gewonnen.

Frauen hingegen können vergleichsweise nur eine relativ geringe Anzahl von Kindern gebären. Wie bemerkenswert doch hier be-reits unsere biologische Mission auseinanderklafft!

Schon an dieser Schere zeigt sich, mit welcher Bedeutsamkeit, ja hingebungsvoller Behutsamkeit, Hege und Pflege die Frau in ihrem Wesen im Gegensatz zu einer Spezies konzipiert ist, die – nehmen wir als Beispiel den Orient – ein Imperium aufgebaut hat, in wel-chem zehntausend Sexsklavinnen in einem Harem gehalten wur-den, um Männern zur Verfügung zu stehen.

Ich spreche vom Topkapi. Osmanisches Reich. Sitz der uner-messlich reichen Sultane und ihrer Haremsdamen, die unter der Leitung einer Haremsmutter nichts anderes taten, als sich zu baden, zu ölen und in der Horizontalen ihrer eigentlichen Bestim-mung entgegenzufiebern. Diese Konkubinen dienten als Brut-stätten, wie in den Legebatterien. Dort wurden ganze Heere und Armeen gezeugt und ausgetragen. Eine Idee, auf die keine Frau der Welt von sich aus je kommen würde, besäße sie auch alle Macht der Welt. Solange Frauen in einem weiblichen Körper stecken, wer-den sie niemals auch nur annähernd so empfinden wie ein Mann.

Mag sein, dass ich bislang mein Augenmerk nur auf die Abweichungen dieser Spezies gerichtet habe. Vielleicht sind jene Exemplare, an denen ich mich hier abarbeite, nur die Ausrutscher. Die Stilblüten der Evolution. Aber ihnen wohnt inne, was seit jeher Männlichkeit definiert.

Natürlich ist nicht jeder Mann ein Dschingis Khan oder Sultan, aber der ganze Stolz des Patriarchats, diese sagenumwobene männliche Promiskuität, zeigt sich gesellschaftlich in übersteuertem Ehrgeiz, in Gier und Machthunger und ist auch heute noch omnipräsent. Deshalb werden ja jedes Jahr eine Anzahl von Platzhirschen bei Extremsportarten wie dem Steilwandkraxeln oder auf dem Golfplatz vom Blitz erschlagen. Wer einmal Blut geleckt hat, kann einfach den Hals nicht vollkriegen und fordert sein Schicksal heraus.

Die Notwendigkeit von Männern heute noch auf die Arterhaltung zu schieben kann es ja nicht sein, wenn man bedenkt, dass zerrüttete Paare lieber mit einem Buch vor dem Ofen liegen, anstatt sich zu paaren oder scheiden zu lassen.

Und dank künstlicher Insemination wird es beispielsweise in den USA immer üblicher, auf den Partner von vornherein zu verzichten, wenn man Mutter werden möchte. Ganz besonders die weibliche Intelligenzia, die Akademikerinnen und Absolventinnen der Eliteuniversitäten entscheiden sich mit nüchternem Kalkül für diesen Weg und wählen den Samenspender aus dem Katalog. Eine Option freilich, die den wohlhabenden Schichten vorbehalten ist. Und ein Markt, der explodiert. Nein, die Wissenschaft an sich hat hier der alten These einen Strich durch die Rechnung gemacht. Ein Drittel bis die Hälfte aller Frauen sind alleinerziehend und heilfroh darüber. An hippen Hotspots wie dem Spielplatz am Wasserturm im Prenzlauer Berg, da kann man sich ja gar nicht mehr blicken lassen, wenn man verheiratet ist, und hat sich vor der gebildeten, wohlhabenden Oberschicht dafür zu rechtfertigen, dass man in einer längst überholten, aus dem Biedermeier stammenden bürgerlichen Struktur verweilt, die auf unsere Gesellschaft heute gar nicht mehr übertragbar ist. »Wenn man ehrlich liebt, warum braucht man dann einen Zettel, der ein Gefühl wie Liebe verifizieren soll, wo gerade diese doch ständigen Schwankungen unterworfen und nicht messbar ist ... das sind doch nur Papiere für Menschen, die auf der Flucht sind, vor sich selbst und vorm Partner!«

Evolutionstheoretisch waren Männer es seit Urzeiten gewohnt, dass Frauen ihre Erotik und Schönheit einsetzen, um Status und Sicherheit zu erwerben. Diese Kalkulation, die den Wert einer Frau nur an ihrem Äußeren bemessen hat, um sie als dekoratives Ornament dem höchsten Bieter zu überlassen, stammt zwar aus der Sklaverei, wird aber zum Teil noch heute praktiziert. Und nach diesem Prinzip läuft auch heute in vielen Haushalten noch der Alltag ab.

Unsere Großmütter haben sich zur Linderung ihres Elends oft an Kalendersprüchen und Binsenweisheiten orientiert, die ein moralisches Gerüst boten: »Liebe geht durch den Magen«, war ein solcher Spruch. Ach so. Wenn ein Mann also seinen Spinat mit Ei und Kartoffelbrei zu sich nimmt, kriegt er unter dem Tisch einen Ständer?

Das würde in der gleichberechtigten Welt also bedeuten, dass ich wuschig werde, wenn Tim Mälzer mir Kohlrouladen serviert?

Aber immerhin, so weit ist es schon gekommen, dass die Männer das ehemalige Refugium der Frau, nämlich den Herd und die Küche, als ihre Domäne erobert haben und sich für Ruhm und Karriere eine Schürze umbinden. Was tut der Mann nicht alles für die Macht ... Wenn nur die Quote stimmt, stellt er sich bald auch noch in Strapsen hin und lässt sich an den Herd fesseln.

Es gibt einfach zu viele Köche, respektive Männer, als dass ein Algorithmus auf alle Exemplare anwendbar wäre. Noch dazu vor dem Hintergrund unterschiedlicher Religionen, Sozialisierungen, gesellschaftlicher Umstände, Vorlieben und Psychosen. Meine Feldforschungen unter größtmöglichem körperlichem Einsatz haben aber ergeben, dass es einige Fakten gibt, die allgemeingültig sind.

Verifizieren wir also die Eigenschaften, die auf 99,9 Prozent aller Männer zutreffen.

Männer mögen es nicht, von Frauen kontrolliert und belehrt zu werden. Das wütende, männerfressende Monster – eine Medusa mit ihren Furien – ist fest verankert im kollektiven Unterbewusstsein. Nüchtern betrachtet, ist für Männer nun mal nicht auszuschließen, dass die erfolgreiche Karrierefrau wie eine Glenn Close das Messer wetzt oder wie eine Sharon Stone den Eispickel gegen einen Mann einsetzt, um an ihr Ziel zu gelangen. Durch eine Amazone, deren Machtposition größer ist als die des Mannes, werden dessen Selbstschutzmechanismen aktiviert, weil er glaubt zu unterliegen.

Oder gefressen zu werden. Wahrscheinlich haben die Kerle eine Urangst, dass die Amazone doch irgendwann zuschnappt, wenn sie am Mann seinem Gerät herumschraubt … theoretisch wäre es ja durchaus möglich, im entscheidenden Moment einfach zuzubeißen. Aus unterbewusster Kastrationsangst ergreift der Mann dann doch lieber die Flucht, anstatt sich mit einer Diva anzulegen.

Die Veränderung der Strukturen, die sich dank der Anpassungsfähigkeit der Frauen entwickelt haben, schüchtert die Männer ein. Sie wollen die Kontrolle behalten und müssen dafür immer härter kämpfen. Wir Frauen finden das drollig. Die Ära der männlichen Dominanz ist nämlich definitiv vorbei, und wenn Männer das zu spüren bekommen, sind sie verunsichert. Sie verfallen in eine Art Schockstarre oder ins Wachkoma.

Deshalb versteht man sich nicht mehr. Der Kampf der Geschlechter hat die Kluft zwischen Mann und Frau nur noch unüberbrückbarer gemacht. Denn der Faktor der Unabhängigkeit hat Männern ihre stärkste Waffe aus der Hand geschlagen: Wir sind nicht mehr auf sie angewiesen. Zumindest nicht, solange es nicht um harte körperliche Arbeit geht. Natürlich: Steineschleppen, Ölplattform, den Truck mit den Turbinen nach Sibirien bringen, Piraterie vor Madagaskar, Holzfäller in Finnland, ja, solche Kerle bleiben unersetzbar. Menschenhandel. Schiffe versenken, die ganz große Nummer also. Nee, da halten wir uns lieber fern, die Hände sollen sich die Kerle schmutzig machen …

Natürlich wollen Männer das Terrain nicht räumen und weiterhin ihre Macht über uns ausüben, und deshalb versetzen sie ihre Gegner gerne aus Hilflosigkeit in Angst und Schrecken. Sie bellen dann laut. Frauen haben da ganz andere Motivationen. Der Mann spielt, um zu gewinnen, weil das von ihm so erwartet wird. Die Frau kämpft, um nicht zu verlieren und damit alle zu überraschen. Deshalb lachen wir auch gerne laut, wenn wir gewinnen, oder wir tun so, als ob wir es gar nicht mitkriegen. Diese Strategie hat auch Angie nach vorne gebracht. Sie hat alle in Tiefschlaf versetzt und dann ordentlich zugelangt: sehr raffiniert, diese weibliche Finesse, die sie unter ihren Transgender-Travestieklamotten versteckt hält.

Weibliche Macht und Unabhängigkeit schüchtert Männer immer ein. Denn nichts darf zwischen einen Mann und seine Milliarden von Y-Chromosomen kommen.

Worauf ich hinauswill? Ich sage es nur mit Abscheu, aber ich stimme überein mit dem Ergebnis, zu dem alle Koryphäen der Philosophie seit dem Ursprung der griechischen Mythologie gekommen sind:

Männer sind nichts anderes als extrem hoch entwickelte Hunde! Schafft man sich einen Mann an, muss man ihn pflegen und erziehen. Er will artgerecht gehalten sein.

Der Grundgehorsam muss ihm antrainiert werden. Er muss gehorchen und mit liebevollem Einstiegstraining erlernen, Kommandos zu befolgen.

Wie bei Hunderassen gibt es unterschiedliche Arten, und man muss herausfinden, welcher Hund vom Typ her zu einem passt. Suche ich einen Beschützer oder einen Jäger? Es gibt nicht nur Hunde, sondern auch Kerle, die viel Bewegung brauchen und gerne die Zähne fletschen. Wie Robert Geiss. Er lacht ja nie, der Mann bleckt nur die Zähne und zeigt die Lefzen. Dafür apportiert er aber. Er wittert, wo es was zu holen gibt. Bringt Beute heim.

Andere Arten sind eher häuslich, lassen sich gerne verwöhnen und sind treue Schoßhunde, die am Rockzipfel hängen. Mit ihnen kann man kuscheln und Filme anschauen. Sie schlafen gerne beim Frauchen im Bett. Manchmal nehmen sie zu viel Platz ein, dann bekommen sie irgendwann ein eigenes Körbchen. Wenn Frauchen sie zurückgelassen hat und wieder heimkommt, dann wedeln sie mit dem Schwanz.

Ratsam ist es auch, Männern wie Hunden mit ihrem Napf einen festen Futterplatz zuzuweisen, praktisch einen Stammplatz im Haus. Dann wissen sie, wo sie hingehören, und streunen nicht so viel herum.

Bei guter Dressur muss das Frauchen stets die gesteckten Grenzen und die antrainierten Spielregeln einhalten. So spielt die Gabe von Leckerlis eine ebenso wichtige Rolle wie das Lob mit freundlicher Stimme.

Für Hunde wie für Männer sind Adressanhänger hilfreich. Beim Hund mag es eine Plakette um das Halsband sein, beim Mann ein Schlüsselanhänger mit eingravierter Adresse. So finden sie schneller nach Hause zurück, wenn sie verloren gehen, mal abhauen oder im Rudelleben mit den Artgenossen aushäusig unterwegs waren.

Andere Hundehalterinnen bzw. Frauen, die einen fremden Mann bzw. Hund beim Gassigehen aufgreifen und ihn betreuen wollen, wissen dann alsbald auch, dass dieses Exemplar schon vergeben ist.

Bei Hunden wie bei Männern ist es empfehlenswert, sie immer wieder an die Kette zu legen. Das haben auch Gucci, Bulgari, Cartier und Prada erkannt, die sehr schöne Jagdhundgliederketten anfertigen. Einmal angelegt, trägt der Mann sie mit stolzgeschwellter Brust. Sagt man »Platz«, dann hockt er sich neben einen und schaut wichtig und voller Stolz in die Runde. »Herr Ober, bitte Champagner für alle.« Versteht sich, dass ein solcher Hund regelmäßig zum Striegeln in einen Salon geht, wo sich alle Hunde zum Trimmen treffen.

Im Gegensatz zum Hund ist der Mann aber unter allen Säugetieren die gefährlichste Bestie. Über die Paarung hinaus sucht er eine Partnerin nur aus einem Grunde: Ein Hund ohne Rudel bzw. ein Mensch ohne Mitmensch ist eben eine arme Sau.

Männer sehen die Verteilung der Geschlechterrollen nicht ganz so kompliziert. Sie vereinfachen die Dinge gerne. Es ist eine männliche Eigenart, komplizierte Zusammenhänge simpel aufzubrechen.

Im Prinzip hat ein Mann an Frauen die gleichen Erwartungen wie an seine Unterwäsche: ein bisschen Unterstützung, damit alles äußerlich seinen festen Platz und seine Richtigkeit hat, und ein bisschen Freiheit, um sich darin wohlzufühlen. Erst wenn der alte Baumwollschlüpfer ausgeleiert ist, steht ihm der Sinn nach Ersatz. Und dann beginnt er zu streunen. Sie können Ihren Liebling aber zurückpfeifen, und wenn er artig Männchen macht, müssen Sie ihm eine Lektion erteilen.

Fortan muss er an der Leine gehen, aber ohne zu ziehen.

Wenn er folgsam pariert, wird er gnädig wieder ins Haus gelassen und wird bald dankbar und unterwürfig bei Fuß gehen. Er trottet fortan neben Ihnen her. Man nennt das »glückliche Ehe«. Und wenn sein Frauchen ihn dann und wann streichelt, freut er sich auf die kommenden Übungseinheiten. Hauptsache, er bleibt noch ein paar Jahre stubenrein. Das ist eine Eigenschaft, die sich im Alter bei Männern verliert! Aber dafür gibt es ja Windeln. Fest steht: Was ein Frauchen liebt, das legt sie auch trocken! Da kennen wir gar nichts.

6 Wenn der Steuerprüfer zweimal klingelt

Wie schön, dass ich mich im Gegensatz zu prominenten Kollegen getrost über dieses Thema auslassen kann, weil ich nicht zu den Hinterziehern gehöre. Dafür bin ich zu unerfahren. Ich bin auch mit keinem Schlitzohr verheiratet und kenne mich in Monaco nicht aus. Für die richtig großen Geschäfte bin ich zu arm, daher werde ich gar nicht erst in Versuchung geführt, mich an Machenschaften zu beteiligen, die ein Leben zwischen Lüge, Mitwisserschaft, Steuerflucht und amtlichen Erinnerungslücken nach sich ziehen.

Das Gute daran ist: Ohne Leichen im Keller kann man bessere und vor allem beschwingtere Bücher schreiben und obendrein auch noch ruhig schlafen.

Aber dennoch: Flatternde Nerven, rasender Herzschlag, Schweißausbrüche … Was kann da wohl eingetreten sein? Hat der Postmann wieder zweimal geklingelt? Ja, er war da und hat zum Frühstück ein Schreiben vom Finanzamt serviert.

Und zwar einen Brief an eine alleinerziehende Besserverdienende, die aufgrund dieser beiden Schubladen die Arschkarte unseres Steuersystems gezogen hat. Offenbar bin ich die kleinste Randgruppe der Welt: wenn schon (a) alleinerziehend, (b) freiberuflich, (c) so was Dubioses wie Künstlerin, dann bleibt für mich nur die Abteilung Hartz IV übrig. Davon wird ausgegangen in unserem Rechtsstaat.

Ach so, alleinerziehend, freiberuflich, Künstlerin und erfolgreich? Nee. Dafür ham wa noch keinen Aktenordner angelegt, weil, so was hat ja keine Lobby. Da gibt's ja nur drei- oder vierhundert Leute, die in diese Kategorie fallen, und das bei 80 Millionen Deutschen, damit bin ich unter dem Radar und werde prinzipiell in der Verwaltung zu einem Irrläufer, der nur aufhält und schlechte Laune bringt.

Und suspekt bin ich sowieso, musste ich allein aufgrund der Tatsache, dass ich eigene Shows produziere und dann – o Schreck! – auch noch für Produktionen an Staatstheatern engagiert werde, eine Untersuchung über Scheinselbstständigkeit über mich ergehen lassen. Bremen! Pfandflaschen sammeln! Honorare konnten ja nicht ausgekehrt werden, denn wer weiß, ob die Angaben zur Krankenversicherung überhaupt stimmen. Künstlersozialkasse? Noch nie gehört!

Ach so, und was ist dann übrigens mit dem Mehrwertsteuersatz, wenn ein Bürger mal selbstständig ist und dann mal wieder fest engagiert am Staatstheater? Hiiiiiilfe! Unsere ganze Verwaltung kollabiert, sobald man nicht der brave Angestellte mit seinem Achtstundenjob und den geregelten Feiertagen, dem Weihnachtsgeld und den Brückentagen ist, aus denen sich immer noch eine Extrawoche Urlaub basteln lässt. Aber ich bin ja buchhalterisch auch so verkommen, dass ich keinen Feierabend einhalte, weil ich sechzehn Stunden arbeite. Wenn ich Bücher schreibe, wird's ein bisschen mehr. Wo deklariere ich eigentlich meine Überstunden? Wer zahlt mein Krankengeld? Und wie soll jemand wie ich sein voraussichtliches Einkommen im Folgejahr einschätzen können?

Die Verwaltung scheitert jedenfalls an dieser Lebenswirklichkeit. Die denken ja auf dem Amt, Schauspieler liegen den ganzen Tag im Bett, machen frei und gehen abends zum Auftritt, um danach in der Klubszene blankzuziehen und an der Stange zu tanzen.

Weil Künstlerinnen nun mal geile Luder sind.

Wer von denen hinter den Schreibtischen, die uns die bösen Briefe schicken, wäre bereit zu einer Hundertstundenwoche? Niemand! Wer verzichtet dort auf Urlaubs- und Weihnachtsgeld,

Feiertage und Ferien? Wer opfert seine Wochenenden als Reisetage und lehnt Krankschreibung selbst dann ab, wenn Arme und Beine gebrochen sind? Der Künstler.

Und was erntet man dafür in den Amtsstuben? Spott und Häme! O-Ton: »Dann nehmen Sie doch so was nicht mehr an.« Ja, ist klar …

Und dann bin ich bei meinem Spitzensteuersatz auch noch so blöd, dass ich auf Gebrauch dessen, was mit den Steuergeldern zu meinen Gunsten bereitgestellt wird, nämlich das Schulsystem, getrost verzichte. Aus dem Pisastudienschlusslicht Deutschland habe ich meinen Nachwuchs rausgeholt.

Ein französischer Hochschulabsolvent hat mit einundzwanzig, zweiundzwanzig seinen Doktor. Das Bildungsdefizit deutscher Schüler ist eklatant. Aber das merkt ja keiner, denn was anderes gibt's ja hier nicht.

Trotz seiner Gesamtschulen setzt das skandinavische Bildungssystem nicht auf eine Vereinheitlichung des Wissensstandes, sondern auf die bewusste Förderung des Individuums. Jedes Kind wird dort abgeholt, wo es gerade steht.

Was das Thema hier zu suchen hat? Ganz einfach: Schon an dieser Stelle klinkt sich das Steuersystem ein, denn das Ziel des skandinavischen Schulsystems ist es, für jedes Kind einen eigenen, zu ihm passenden Platz in der Gesellschaft zu finden. Ziel des deutschen Bildungssystems hingegen ist es, aus Kindern angepasste Leistungsträger für die Wirtschaft und Steuerzahler zu machen.

Und wer da nicht zu gebrauchen oder einzuordnen ist, wird zum Störfaktor.

Im Rahmen der französischen, skandinavischen oder britischen Erziehung können Kinder erleben, dass jeder seine persönlichen Stärken hat, die wertzuschätzen sind. Die schwächeren Schüler werden nicht durch eine frühzeitige Selektion entmutigt und verlieren dank individueller Förderung nicht den Anschluss an die stärkeren.

So geht's los. Und wo wir schon mal beim Thema Bildung sind: Klassenbester der Pisastudien ist bekanntermaßen Finnland. Warum wird verheimlicht, dass es in Finnland kaum Hausaufgaben gibt? Dass die Schultage kurz sind? Dass Armut oder Reichtum nicht über Bildungschancen entscheiden?

Wie sind die denn dann an die Spitze gekommen? Gerade deshalb, weil sie individuell und ganzheitlich denken. Die Nachmittage sind dazu da, Hobbys zu entfalten, Sport zu treiben, Interessen zu pflegen und sich mit Freunden zu treffen. Und der Nachmittag beginnt in Finnland um drei Uhr. Ab vier ist es im Winter stockduster. Die Schule beginnt um neun, denn da geht im Winter die Sonne auf, und vorher schickt man die Kinder nicht durch den dunklen Wald auf den Weg. Früh ins Bett und lange schlafen. So wird ein Mann zum Baum. Nun ja, an diesen Unterschieden zeigt sich schon, welcher Ideologie ein System entspringt.

In mediterranen Ländern dürfen die Kinder auch ausschlafen und werden nicht früh um sechs aus dem Tiefschlaf gerissen und um sieben Uhr von arbeitenden Müttern im Wachkoma vor der Schule abgesetzt. Und weil die spanischen und italienischen Zöglinge erst um zehn mit der Schule beginnen, deshalb werden sie auch belohnt und dürfen drei Monate Sommerferien machen! Siesta, Siesta, Siesta …!

In der Schweiz, Belgien, Holland und Norditalien werden automatisch spielend drei Fremdsprachen erworben. Selbst der schlichteste Tiroler Skilehrer spricht perfekt Französisch, Deutsch und Italienisch. Und wir? Wir heften die Belege ab und träumen nachts heimlich davon, wo wir unsere Geldsäcke besser verstecken können.

Vater Staat weiß das. Und rückt uns deshalb auf die Pelle. Schleicht sich in unsere Träume und kauft Verräter-CDs von Steuerhinterziehern, damit dem kleinen Mann der Arsch auf Grundeis geht.

Wenn es darum geht, die Steuerdaten der Bürger zu sichern, pfeift Vater Staat nämlich auf den Schutz der Privatsphäre. Die Steuer-CDs, die nun heiliggesprochen werden, enthalten ja nicht nur die Namen von Leuten, die hier und da ein Konto unterhalten, von dem das Finanzamt nichts wissen soll. Ein Gutteil dieser Art der Vorratsdatenspeicherung betrifft auch Menschen, die sich nicht das Geringste zuschulden haben kommen lassen.

In der Steuerdebatte findet sich alles wieder, was man aus dem protestantischen Tugendmilieu kennt: der unbarmherzige Blick auf den Sünder, die Rechenschaftspflicht gegenüber Gott und Staat, die unendliche Bereitschaft zur Selbstzerknirschung. Große Oper in drei Akten.

Am Ende sogar das mediale Damoklesschwert, wenn wieder eine Sau durchs Dorf getrieben wird.

Hoeneß, Uli. Liebt es ja sowieso, Erster zu sein, und hat es auch hier wieder geschafft. Schwarzer, Alice. Linke-Lila-Latzhosenlesbe, die Solidarität predigt und in Wahrheit mit Schweizer Bankern kungelt, auf welcher Almhütte sie ihre Goldtaler am besten verscharren kann. Becker, Boris: knapp zwei Millionen hinterzogen und mit einer halben Million Geldstrafe dem Knast entronnen. Schockemöhle, Paul, 11,6 Millionen nachgezahlt. Per Selbstanzeige, da muss aber die Kacke am Dampfen gewesen sein. Patrick Lindner, Freddy Quinn, Verona Pooth, Nadja Auermann, alle mit dem Fiskus auf Kriegsfuß, weil sie offenbar Verarmung fürchteten und den letzten Heller retten wollten.

Und nun icke! So, so. Schipka vom Finanzamt hat also wieder geschrieben. Frau Schipka? Herr Schipka? Egal, die Verwaltung beschäftigt offenbar Neutren. Und das Neutrum Schipka ist in der Praxis auch keine Nachfragen gewöhnt. Dafür gibt's ja keine vorgefertigten maschinellen Schreiben, welche als Antwort von der Datenverarbeitung ausgespuckt werden.

Damit gleich klar wird: Zivilisierter Umgang steht hier nicht auf der Tagesordnung! Und Schipka hat das nicht entschieden. Schipka ist nur Handelnder im Namen des Systems. Darf deswegen auch keine Geschenke annehmen. Und natürlich auch nicht beschimpft werden, denn Schipka ist Befehlsempfängerin.

Nicht mal eine Mandarine oder einen ollen Schokoweihnachtsmann zum Fest dürfte man rüberrücken. Das wäre Bestechung.

Der Kunst des Schmierens muss frühzeitig Einhalt geboten werden. Damit die »Großkopferten« ungestört weiter schalten und walten können und »der kleine Mann« nicht schon auf der unteren Ebene dazwischenfunkt. Es ist schließlich der kleine Mann, der in scheißender Angst lebt. Bei dem es wirkt, wenn unverschämte Post kommt, die im Tonfall subtil zwischen den Zeilen mit Verhaftung und Sanktionen droht. Man hört ja schon die Handschellen klicken, wenn man nur die ersten drei Sätze liest. Gemessen an den Inhalten meiner Post, die ich von derartigen Ämtern und Behörden als Bescheide abgeheftet habe, muss man dem Tenor nach den Eindruck gewinnen, ich sei eine Schwerverbrecherin, die von Interpol gesucht wird. Kein Wunder, dass so einem Miststück, das sich in Reality-Formaten zum Obst macht, der Fiskus auf den Fersen ist.

Der Transgenderzwitter Schipka vom Finanzamt also wollte mich darauf hinweisen, dass ich unter Beibringung gewisser Unterlagen den Wert meines Hauses herunterrechnen könne, mit erfreulichen Folgen für meinen Dispokredit. »Dem Eingang der Belege sehe ich innerhalb von vier Wochen entgegen«, hieß es im amtlichen Schreiben.

Nichts dagegen einzuwenden, außer dass ich die entsprechenden Dokumente längst im Steuerbüro abgegeben habe, und zwar im Original und Jahre zuvor. Ich müsste ja anbauen und Bürocontainer mieten, würde ich alle Zettel und Papiere vorschriftsmäßig zehn Jahre lang aufbewahren. Ich weiß gar nicht, wie Leute in einer Zweiraumwohnung das machen. Wahrscheinlich bauen die sich aus den vielen Aktenordnern ganz kreativ einen Couchtisch!

Der Aufforderung kann ich jedenfalls nicht nachkommen, weil das Finanzamt meine Belege schon hat. Dies muss ich dem asexuellen Neutrum, welches meinem Eingang wohl schon entgegenfiebert, nun schonend beibringen.

Doch wie adressiere ich ein Zwitterwesen? Hallo, Schipka? Das Finanzamt ist schließlich keine Person, aber zur Klärung des Debakels muss ich ja nun wohl in einen persönlichen Dialog eintreten. Wie bitte formuliert man da die Anrede?

In meinem Antwortschreiben habe ich zumindest gleich mal die Gelegenheit, die allgemeine Schusseligkeit der Ämter zu beklagen. Auf den großen Aktenwagen, die in den Finanzämtern über abgetretenes bräunliches Linoleum gerollt werden, hat wohl irgendein Vollidiot meine Zettel falsch eingehängt. Und ich darf wegen dieses persönlichen Scheiterns eines mir unbekannten Helfers nun an meinem geheiligten Sonntagvormittag Amtspost verfassen.

So moniere ich nun also, nach einem kräftigen Schluck aus meinem Kaffeebecher und einem Biss in mein Leberwurstbrötchen, in dem Bemühen, eine gemeinsame Schnittstelle mit Schipka zu schaffen, die Unhöflichkeit, ein Schreiben einfach mit dem Nachnamen zu unterschreiben. *Hallo, Schipka. Es geht aus Ihrem am soundsovielten verfassten Anschreiben leider nicht hervor, auf welcher Ebene ich in Dialog zu treten habe. Auserwählte Höflichkeit, Sanftmut und devote Zögerlichkeit könnte mir unter Umständen, falls Sie ein Mann sind, als unsachliche Anmache ausgelegt werden, sollten wir uns vor Gericht wiedersehen, während zu dominantes Auftreten einer Geschlechtsgenossin gegenüber eventuell als Pampigkeit gewertet werden könnte. Wer sind Sie bitte schön?*

Nun, das automatisierte Antwortschreiben darauf lag leider nicht parat, und alles, was sich nicht mit einem einzigen Mausklick erledigen lässt, dauert beim Amt schon mal länger als vier Wochen.

Aber was soll falsch daran sein, wenn der Bürger Erkundigungen einholt, ob er nun mit einem Transgenderexemplar, einem Mann oder einer Frau kommuniziert? Aus der sexuellen Identität braucht in unserer Gesellschaft niemand mehr einen Hehl zu machen, selbst Karnevalstransen, die sich bei einer Körpergröße von zwei Meter zehn, Schuhgröße siebenundvierzig und einem Kreuz wie einem Bauarbeiter für ein Fräulein halten, genießen unsere Toleranz, aber plötzlich tritt mir mein Amtspartner schwarz verhüllt entgegen.

Die Antwort – innerhalb von vier Wochen – war entsprechend bürokratisch. Der Sache mit den Unterlagen sei nun mal »nicht abzuhelfen«, und was die Grußformel betreffe, so sei sie nun einmal »gängige Verwaltungspraxis«. Ach so. Na dann. »Hochachtungsvoll, Schipka.«

Keinen Schritt weiter also. Neutrum Schipka hat sich von zwei gegebenen Möglichkeiten, nämlich Freundlichkeit oder Unfreundlichkeit, bewusst für die Variante der Unfreundlichkeit entschieden. Klare Ansage, auf die ich mich einstellen werde.

Freundlich ist man offenbar lieber an anderer Stelle. Zum Beispiel, wenn von der stark erhöhten Grundsteuer Wahlgeschenke an die Bundesregierung finanziert werden.

Ich wäre ja der Meinung, dass man gerade bei belastenden Inhalten oder negativen Mitteilungen besonderes Feingefühl respektive Höflichkeit walten lassen sollte. Und dann ist man es nicht mal wert, zu wissen, mit wem man in Dialog tritt? Das ist ja wie im Darkroom.

Da hilft eigentlich nur noch, Schipka aufzusuchen. Um sich mal ein Bild zu machen, welches Wesen, welcher Mensch da hinter staubigen Aktenbergen und Beschwerdebriefen kauert. Ob er überhaupt seine Zimmerpflanzen und ans Finanzamt geketteten Gummibäume ordentlich zu pflegen versteht? »Hallo, Schipka, was macht die fette Henne?«

Schließlich dringen die ja in uns ein, verlangen, dass wir uns vorm Schlafengehen als ehrliche Bürger fragen, ob wir heute dem Vater Staat auch gegeben haben, was ihm zusteht. In Wahrheit aber liegen wir in der Koje und hecken aus, wie viel wir noch verdienen müssen, um uns auf die Channel Islands, nach Liechtenstein oder Monaco abzusetzen. Ich sollte meine Gastspiele in der Schweiz in Zukunft über Vaduz abwickeln. Das Land ist dermaßen klein, da könnte ich sogar mit mir reden lassen und im Gegenzug zu einer Spendenquittung das ganze Land mit Teppichauslegware ausstatten lassen.

Wir als Bürger nehmen gerade an einem beeindruckenden Umerziehungsexperiment teil. Es reicht nicht mehr, dass man seine Steuern entrichtet, ohne dabei vom geraden Weg abzukommen. Nein, der Bürger soll die Begleichung seiner Steuerpflicht als Bringschuld empfinden, ja mehr noch: als Bereicherung. Erst durch diesen Akt erweist er sich als würdiges Mitglied der Gesellschaft, die ihn aufgezogen und schon früh von Hort zu Hort geschubst und in der Gesamtschule mit Mais und Quetschkartoffeln ernährt hat.

Wir sollen dazu erzogen werden, mit gutem Gewissen und weißer Weste vor die Gemeinschaft zu treten und zu bekennen: Alles, was euch gehört, will ich euch geben, so wie es mir die Obrigkeit befiehlt.

Wir sollen teilen lernen. Und zwar freudig teilen. Am liebsten mit Einzugsermächtigung. Teilen mit Vater Staat. Damit wir Bürgersteige und Straßen haben, Polizei, Schulen, Grünflächen, Ampeln, sauberes Wasser, Heizwerke, Flughäfen, Bahngleise, Zoos und so weiter. Und von dem, was bleibt, sollen wir uns und unsere Lieben, die Kinder und den Anhang versorgen und ernähren. Häuser bauen. Und für die Zukunft vorsorgen sollen wir auch, damit aus den Kindern auch später mal Steuerzahler werden, die den Sozialstaat stützen. Was sowieso nicht eintreten wird, weil es ja keine Kinder mehr gibt. In fünfzig Jahren gibt es nämlich nur noch 40 Millionen Deutsche. Das lernt jeder Soziologe im ersten Semester. Es ist demografisches Grundwissen. Der Plan ist also eh gescheitert. Aber noch ist das ein Geheimnis. Wie mit den Flüchtlingen. Das ist auch ein altbekanntes Thema.

Fakt ist, dass der Zustrom seit zehn Jahren gleich bleibend ist. Es wurde aber immer schön unter den Teppich gekehrt, bis es als Renner für die Titelseiten entdeckt wurde. Ein sehr schön polemisches Thema, bei dem jeder mitreden kann, sich die Geister scheiden und Ideologien aufeinanderprallen. Und so wird es auch eines Tages knallen, wenn publiziert wird, dass sich unsere Bevölkerung halbiert. Uns wird dann wahrscheinlich nichts übrig bleiben, als mit über neunzig

Flüchtling zu werden, unsere Habe einer Schlepperbande zu überlassen, uns einem Flüchtlingstreck anzuschließen und unsere Heimat bei Nacht und Nebel zu verlassen. Hoffentlich finden wir ein Land, das uns reinlässt!

Aber bis das passiert, müssen wir vorerst noch Kleidung, Geburtstagsgeschenke, Urlaube, Hobbys, Autos, Partys finanzieren und sollen danach immer noch von unserem halbierten Einkommen Geld übrig haben, damit wir bei Spendenhotlines und Charity-Events großzügig das Portemonnaie aufmachen.

Nebenbei sollen wir noch was auf die hohe Kante legen, um ein Polster haben, damit in Notfallsituationen wie beispielsweise Autoreparatur, kaputter Waschmaschine, spontanen Wochenendtrips, Handwerkerrechnungen, Sturmschäden, Steuernachzahlungen, Sanierungen die Geldquelle nie versiegt.

Dass der Mensch Steuern zu entrichten hat, ist eine schmerzliche Tatsache, die ihn begleitet, seit er aufrecht gehen kann. Schon die Bibel nimmt sich des Unwillens an, den die Eintreiber auf sich ziehen. »Ein König gibt durch das Recht dem Land Bestand; aber wer Abgaben erpresst, zerstört es«, heißt es in Sprüche 29,4. Und da waren wir noch nicht bei 42 Prozent Spitzensteuersatz. Wer sich um die Pflicht herumdrückte, war ein Steuersünder. Heute ist er ein Steuerbetrüger.

Die Steuerpflicht ist wie jede Solidaritätszumutung eine Last, keine Wohltat. Denn der Spielraum der Entscheidungen, die hier getroffen werden, liegt im völlig subjektiven Ermessen des jeweiligen Sachbearbeiters. Und der ist unterwegs, um Steuervergehen aufzudecken und vermeintliche Übeltäter zu überführen und zur Strecke zu bringen. Jede Heimlichkeit steht für den bösen Geist, den es auszutreiben gilt.

Der Obrigkeit eine Nase zu drehen wird geahndet, da reicht schon der eine Euro, den man nicht angegeben hat.

Früher stolperte man als Politiker über eine außereheliche Affäre, heute über ein nicht ordnungsgemäß angemeldetes Konto.

André Schmitz, ehemaliger Kulturstaatssekretär der Hauptstadt, musste wegen 20 000 Euro Steuerhinterziehung das Feld räumen. Er hätte es auch wegen einem Euro tun müssen, denn darauf zielt die Moral ab.

Ja, wir sind mitten im Kulturkampf!

Nur im äußersten Süden der Republik hat sich die Vorstellung gehalten, dass nicht jeder krumme Weg gleich ins Gefängnis führen muss. Hier ist die Spezlwirtschaft so tief verwurzelt, dass man den Steuersünder als Schlitzohr würdigt, vorausgesetzt, er ist ein anständiger Kerl, was sich in Bayern nicht ausschließt. Das hat ja auch wirklich einen gewissen Charme. Es ist kein Zufall, dass die SPD hier nie ein Bein auf den Boden bekommen hat.

Dem Norden war die bayerische Schlamperei schon immer ein Ärgernis, mitsamt der Blasmusik, den Trachtenumzügen und dem hedonistischen Kapitalismus. Auch hier kann man mich in keine Kisten packen, denn ich liebe Bayern. Mag sein, dass der anale protestantische Geist, der Schipka heißt, dem katholisch barock-bajuwarischen um eine Nasenlänge voraus ist, wenn er sich Hoeneß nennt und man die Alteingesessenen auf dem Oktoberfest hochleben lässt. Fest steht: Egal ob München oder Hamburg, die wahre Musik spielt in Berlin. Zum Tegernsee fahre ich nur zum Blasen.

Der nächste Schritt in der pädagogischen Umerziehungskampagne der Finanzämter ist sicher auch bald das Verbot loser Reden. Wer Steuerhinterziehung entschuldigt oder verharmlost, wird mit Geldstrafe oder Gefängnis nicht unter einem Jahr bestraft. Und was mache ich? Ich gieße meinen Gin ins Feuer! Denn ich habe bezahlt. Schipka hat mir nämlich eine Aufforderung zur Steuerprüfung geschickt, nachdem ich meine von Schipka eingeorderten Unterlagen auf mühevollen bürokratischen Pfaden wieder umgeleitet habe, wofür selbstredend noch zusätzlich eine Rechnung vom Steuerbüro kam.

Bei Prüfung meiner ordnungsgemäß beigebrachten Belege stolperte Schipka dann darüber, dass ich erstaunlich viel Garderobe eingekauft hatte. Hier setzte sie sich fest, drehte und wendete die Belege, spürte mit der Lupe Wäsche, Slips, Strümpfe, T-Shirts, Overalls, Shorts, Federboas, Nuttenstiefel, Latexkorsagen und Peitschen auf. Männersocken en masse. BHs in allen Größen, Pushups. Jede Menge Fettweg-Hosen. Baumwollschlüpfer mit Eingriff. Jogginganzüge. Und dann wurde mir ein Schreiben zustellig gemacht, welches mir auferlegte, wegen gewisser Auffälligkeiten eine Betriebsprüfung durchführen zu müssen.

In mühevoller Kleinarbeit musste ich Schipka nun die Tatsache, dass in meinen Personalityshows Strapse und Schlüpfer ins Publikum fliegen, Musiker in absurde Hemden eingekleidet werden, die erst zerrissen und sodann mit Dreck beschmiert werden, um einer surrealen Welt Ausdruck verleihen zu können, ins Amtsdeutsch übersetzen. Blutige Schokoschlüpfer fliegen durch den Raum. Burleske Grotesktänze zitieren eine Otto-Dix-Ästhetik. Dass es zu meiner Lebenswirklichkeit und zum Berufsalltag gehört, wenn ein launiges Empfangskomitee meine Gäste mit Federn im Arsch empfängt und mit der Peitsche knallt, dass diese Federn Berufsbekleidung sind, nein, dies alles wurde unter Hinzuziehung verwaltungssprachlicher Termini abschlägig beschieden.

Wie setzt eine Bildhauerin beispielsweise ihre 25 000 Tampons ab, aus denen sie einen Kronleuchter gestaltet hat? Das Ding habe ich auf der Biennale in Venedig mit eigenen Augen gesehen. Es ist eine Installation. Wenn die Begutachtung von bildhauerischen Arbeiten durch eine Sachbearbeiterin so schnell an die Grenzen stößt, dann ja wohl auch das abstrakte Bühnen- und Kostümbild einer psychedelisch angehauchten One-Woman-Personality-Show. Schon klar.

Bei einem Atelierbesuch einer sehr berühmten befreundeten Bildhauerin beäugte die Verwaltungsangestellte der Finanzbehörde die Räume genau und fragte skeptisch, ob die Künstlerin auf dem Sofa auch nächtige. Ob sie dort Kundschaft empfange.

Aber was ist mit den Ausgaben für Baumpfähle und Zaunriegel, Dachpappe und Fliesenkleber? Die Materialien, mit denen bildende Künstler arbeiten, erschließen sich dem Amt ebenso wenig wie meine Pailletten, Flokatistoffe, Glitzervorhänge, Discokugel oder die vielen, vielen BHs, die ich ja *theoretisch* auch privat tragen könnte. Zum Beispiel auf dem Karneval oder beim CSD. Weil ich natürlich in den Augen der Verwaltung eine Feierelse bin, die nichts anderes beabsichtigt, als zugedröhnt auf Festivals abzurocken, bis der Arzt kommt. Nach meiner Steuerprüfung wurde kaum ein Posten, den ich als Betriebsausgabe absetzen wollte, vom Amt akzeptiert.

Seidenstrümpfe sind Privatgarderobe, ebenso wie Tanzschuhe, denn das tragen ja andere Leute auch, wenn sie tanzen gehen. Dass mein Pianist auf der Bühne im goldenen Ganzkörperkondom agiert, macht dies nicht zur Berufsbekleidung: Er könnte sich ja theoretisch so auch in die Partyszene begeben.

Aufgetakelte Teilzeittransen, die auf der Reeperbahn anschaffen gehen, haben es da leichter, denn die wechseln ja das Geschlecht. Wie will eine Verwaltungsangestellte abgrenzen können, was Realismus, Satire, Parodie, Kunstfigur, Schauspiel, Burlesque, Vaudeville, Surrealismus, Avantgarde, Pop-Art oder Kubismus ist?

Der Briefwechsel, in dem ich mich als Künstlerin gegen das Finanzamt zu behaupten versuche, füllt mittlerweile mehrere Ordner.

Warum ich dieses ganze Zeug nicht bei einer Kostümbilderin oder Gewandmeisterin anfertigen lasse, sondern in bekannten Ketten der Einkaufszonen erwerbe, wollte Schipka wissen. Weil eine Gewandmeisterin keine T-Shirts, Strumpfhosen, Shorts, Jeans und Hoodies klöppeln kann, die dann entartet und verfremdet werden.

Pailletten aufzusticken kostet bei der Kostümbildnerin pro Kristall mehrere Euro, im Baumarkt hingegen als selbstklebende Ware nur ein paar Cent. Nicht mal meine Bühnenschminke darf ich absetzen, selbst wenn sie im Fachgeschäft gekauft worden ist und ich tagsüber beileibe nicht in Vollmaske rumrenne. Eine Visagistin zu engagieren wäre die Alternative, aber die nimmt 350 Euro für den Abend. Sich selbst zu schminken wird bestraft. Ebenso wie kreative Bastelarbeiten an den Outfits, die aufgepimpt und neu gestaltet werden. Das darf im Sinne des Amtes nur eine Kostümgestalterin vornehmen. Talent wird nicht gewürdigt.

Also setzte sich die vom Amt Verfolgte nachts um vier, nach getaner Arbeit, zu einer Unzeit, in der die Verwaltungsangestellte ihren heilsamen Tiefschlaf genoss, in ihr Büro (!) und schrieb Briefe an das Finanzamt, erklärte in aller Ausführlichkeit, dass es mit der Kunst heute nicht mehr so ist wie vor einhundert Jahren. Heute werden Meisterwerke eben abstrakt überhöht, um das Publikum an die Hand zu nehmen und in eine Welt der Absurdität zu entführen.

Warum kann das Finanzamt nicht jemanden schicken, der was von Kunst versteht? Der schon mal in einem Theater war und sich mit dem Sujet auskennt, das er verwaltet?

Das Finanzamt bezweifelt, dass es sich bei meinen Kostümen um Berufsbekleidung handelt und dass dies Produktionskosten für eine künstlerisch-kreative Tätigkeit sind. Und deshalb will es, das Finanzamt, jetzt mehr als 21 000 Euro von mir haben. Als Anzahlung. Über die restlichen 30 000 Euro wird noch entschieden.

So etwas ist Existenzbedrohung.

Das Finanzamt fordert von mir, meine Arbeit genau zu beschreiben und vor allem in allen Entstehungsschritten fotografisch zu dokumentieren. Wie im Kunstgewerbemuseum in dem Abendkurs: »Do it yourself: Wie bastele ich mir Showkostüme?« Wenn ich diesen Auflagen nachkäme, könnte ich meinen Beruf, meine Shows und meine kreative Tätigkeit, mein ganzes Unternehmen an den Nagel hängen, weil ich dann vollauf damit beschäftigt wäre, die entsprechenden Fotodokumentationen und Unterlagen beizubringen.

Was ist eigentlich mit den bildenden Künstlern, die auf der Documenta ausstellen? Durfte Joseph Beuys das Fett für seine Fettecke und die Kehrschaufel dazu von der Steuer absetzen? Er hätte ja auch heimlich Teile davon zum Braten verwenden und seine Stube mit selbiger Schaufel auskehren können.

Dass für jedes Theater der Raum neu gestaltet wird, für jeden Auftritt durchgeschwitzte, bespritzte Kostüme ausgetauscht und erneuert werden müssen und zwar für ein ganzes Ensemble, das wird bald vor Gericht verhandelt werden müssen – denn vorstellen kann es sich Schipka nicht, dass ich auf diese Weise meine Arbeit tue und vom erwirtschafteten Umsatz der verkauften Eintrittskarten brav meine Steuern entrichte.

Sie darf sich ja auch nicht informieren! Denn Schipka ist es nicht erlaubt, ins Theater zu gehen, um das Spektakel, welches sie verwaltet, in Augenschein zu nehmen. Wenn ich sie einlade, wäre dies Bestechung. Oder es würden ihr am Ende noch Kosten entstehen, für die niemand aufkommt, weil sie ein Glas Wein bestellen und nach Hause ein Taxi nehmen muss.

Außerdem kann niemand von Schipka verlangen, außerhalb ihrer Bürozeiten Recherche zu betreiben, denn zu Überstunden ist sie nicht verpflichtet. Schon gar nicht nach siebzehn Uhr. Also tappt Schipka lieber weiter im Dunkeln. Und deshalb sind meine Kostüme keine Betriebsausgaben. Auch nicht, wenn sie absurd sind.

Darf das Amt Existenzen zerstören? Offenbar schon, sonst könnte es nicht agieren, in Person von Mitarbeitern, die sich mit dem Metier, in welchem ich mein Einkommen erwirtschafte, nicht im Geringsten auskennen. Die Sachkenntnis der Materie ist bei Schipka in etwa so, wie wenn ich als Pilotin den Jumbo nach Gran Canaria fliege. Oder eine Kfz-Werkstatt übernehmen würde. Warum dürfen Menschen so etwas? Warum ist derart grober Unfug erlaubt? Wäre Schipka Seiltänzerin, dann wäre sie längst tot. Denn jeder Entschluss, den sie fasst, jeder Schritt, den sie tut, beruht auf einer Fehleinschätzung. Reisen zu Festivals nach Edinburgh, der Besuch von Musicals und Theatern in London, so etwas will sie nicht als Betriebsausgaben gelten lassen. Obwohl ich auf Wunsch und Aufforderung alle möglichen Belege und Erklärungen lieferte, akzeptierte das Amt schließlich fast nichts. Nicht mal meine Gesangsstunden und meinen Musikunterricht zur Fortbildung! Auch keine Einlass-CDs, die dudeln, während vorher zwei Stunden gespeist wird. Nein, die kann ich, wenn ich will, ja auch zu Hause hören. Mache ich aber nicht. Nach Finanzamtsermessen reicht eine CD als Einlassmusik, basta. Dass die Leute dann eventuell abhauen, bevor die Performance begonnen hat, liegt außerhalb des Spektrums der Verwaltung. Wie die Tatsache, dass ich meine Stimme fortbilde. Schipka bildet sich ja auch nicht fort.

Zu meiner eigentlichen Arbeit komme ich eigentlich kaum noch, seitdem ich Betriebsprüfung habe und ein Neutrum namens Schipka mein Leben dirigiert. Wenn das Finanzamt nicht einlenkt, kann ich mir vorstellen, bis zum Bundesfinanzhof nach München zu ziehen, um für meine Rechte als darstellende Künstlerin zu streiten. Vielleicht sollte ich auch mal demonstrieren. Als Nacktschnecke vor dem Finanzamt in Berlin-Mitte. Das wären dann doch die geringsten Betriebsausgaben fürs Kostümbild: Es dürfte der Finanzbehörde gefallen, wenn darstellende Kunst nackt präsentiert wird, denn da werden keine Einkäufe getätigt und keine Betriebsausgaben verursacht. Der immense Nachteil ist nur, dass gewisse Teile des menschlichen Körpers nicht auf den letzten Takt der Musik stillstehen. Sie schwingen nach. Das sich dieser Aspekt allerdings Schipka erschließt, ist eher unwahrscheinlich.

Unwissenheit schützt vor Strafe nicht, heißt es im bürgerlichen Gesetzbuch. Warum muss und soll und darf Schipka nichts wissen? Und warum darf ich nicht wissen, wer Schipka ist?

Warum ich nicht noch mehr Steuern zahlen will, als ich schon abgedrückt habe? Also an die 49 Prozent?

Weil ich eines Tages richtig reich sein möchte.

Manche Menschen sind so verdammt reich, dass sie jeglichen Respekt vor Humanität und Menschlichkeit verloren haben. Das ist genau der Reichtum, den ich anstrebe. Abstruser, abnormer, astronomischer Reichtum. Wer sein Geld zählen kann, ist mir zu arm.

Geld ist wahrlich nicht das Allerwichtigste im Leben. Das Wichtigste ist immer die Liebe. Und ich liebe Geld!

»Hochachtungsvoll, Désirée La Nick« stand unter dem Schreiben, in dem ich dies alles Schipka erläutert habe. Man sieht sich vor Gericht.

7 Landei trifft Gebrauchtwagenmafia

Seitdem ich in Brandenburg wohne, werde ich als Landei betrachtet. Auch wenn mein Wohnort nur vier Kilometer von der Stadtgrenze zu Berlin entfernt ist, riecht es nach Acker, und die Uhren gehen anders. Kaum das Ortsschild Berlin hinter sich gelassen, führt mich der Weg an Feldern und Wäldern vorbei, am Dorfteich, alten brandenburgischen Feldsteinkirchen, und bevor ich mein Heim erreiche, hören allmählich auch die Bürgersteige auf. Manchmal stapfe ich in meinen Satinstilettos über sandige Trampelpfade und unebene Schotterwege. Wann immer ich heimkehre, spüre ich: Jetzt hat der Karneval ein Ende, und die Gummistiefel warten auf mich. Brandenburg ist der falsche Ort für Maskerade.

Bevor ich mein Anwesen erreicht habe, begrüßt mich schon der Schrei des Kauzes, und die Eichelhäher flattern davon.

In der Stadt ging ich, wollte ich selbst am Sonntag eine Zeitung, Brötchen oder ein Paar Schuhe, Salat oder Milch kaufen, einfach die Straße runter. Berlin hat eine Spätikultur. Ich sprach ganz zu Anfang dieses Buchs schon ein bisschen davon. Hier hat alles immer offen, in Mitte, Friedrichshain, Prenzlauer Berg und Kreuzberg zumindest. Und wenn's ganz eng und spät wird, gibt's Vierundzwanzig-Stunden-Shopping am Hauptbahnhof und an diversen Knotenpunkten der Stadt. Wer die Spießer satthat, muss nur nachts shoppen gehen. Schon ist man Teil der Metropole, in der die Musik spielt, Teil eines Paralleluniversums.

Wem das aber in meiner Heimatstadt Berlin zu unbequem ist, der geht einfach in Schluppen zur Tanke. Da ist auch immer was los.

Nicht so auf dem Land. Hier muss man mit dem Auto zur nächsten Mall fahren, wenn man seine Zwiebeln vergessen hat, und steht dann mittendrin im Havelpark. Auch wenn man nur Eier braucht, nimmt man im Vorübergehen gerne mal Möbel, Pflanzen, Elektro und Tiernahrung mit. Denn in den Malls gibt's einfach alles. Auch Strandkörbe, Pools, Treppengeländer, Geräteschuppen, Ställe und Wasserfälle.

Braucht man auf dem Land ein Taxi, kann man sich keinesfalls einfach vor die Tür stellen und die Hand heben wie in Berlin. Okay, das ist nicht ganz richtig, man kann sich natürlich schon auf die Straße stellen und die Hand heben, aber damit kommt man nirgendwohin. Außer in die NPD. Ein Taxi muss man vorbestellen. Am besten am Vorabend.

Wenn man also eine Geburtstagskarte oder eine Strumpfhose nachkaufen will, dann steigt man ins Auto und fährt zu einem der gigantischen Konsumtempel aus Beton, Glas und Stahl. Wahre Shoppingpaläste oder besser: Einkaufskathedralen.

Selbst wer ins Kino will, muss in die Mall fahren. Wie in den USA. Und das im guten alten Osten! Wo es bis vor Kurzem nur ausgeleierte Leinenbeutel und unförmige Faltenröcke gab. So weit ist es nun schon gekommen.

Aus dem Dunkel der Tiefgaragen, in die man automatisch geschleust wird, gelangt man in jedem Kaff der Welt direkt auf die Rolltreppen und in die Läden. Einen Parkplatz zu finden kann zu Stoßzeiten in der Mall aber schwierig werden, weil die Favoriten natürlich nah am Eingang liegen und man manchmal erst mal in Ruhe seine E-Mails und Telefonate im Wagen abarbeitet, was bei anderen Verkehrsteilnehmern den Eindruck erweckt, man wolle rausfahren.

Es macht Spaß, länger in der Parklücke zu verweilen und in aller Ruhe zu beobachten, wie begehrt sie ist. Manchmal ziehe ich sogar noch mal um, weil ich aus dem Auto heraus beobachten konnte, dass ein besserer Parkplatz freigegeben wurde, wodurch ich meine Territorialansprüche verteidigen und mich verbessern kann. Und dann juckt es mir in den Fingern und ich wechsele meine Position.

Ja, im Parkhaus erlangen wir die Kontrolle über ein kleines Stückchen Boden. Und wir spielen Gott, wenn wir erleben, dass andere Autofahrer von unserem guten Willen abhängig sind und wir beim Einparken den forsch drängelnden Herrn im Porsche jetzt leider mal eben blockieren müssen. Auch wenn wir einen Astra fahren, egal, wenn wir uns querstellen, hilft auch kein Maserati unter dem Arsch. Und so was muss man auskosten. Da bietet es sich an, jetzt erst mal in aller Ruhe auf das iPhone zu schauen.

Das Schlimme bei mir ist, wenn Leute mich beim Ausparken beobachten oder gar drängeln, dann brauche ich doppelt so lange. Werde ich im Parkhaus unter Druck gesetzt, dann drücke ich automatisch auf die Hupe und fahre langsamer. Es ist eine Schutzfunktion.

Seitdem ich auf dem Land wohne, gehört mir natürlich auf meinem Anwesen die Straße bis zum Fahrdamm. In voller Länge. Ich könnte mir ein Zelt auf dem Gehweg aufschlagen, es wäre mein Recht, dort zu nächtigen. Weil mir die Straße bis zum Rinnstein gehört, muss ich allerdings auch jäten und sie sauber halten. Dass da bloß kein Laub liegen bleibt. Sonst kommt gleich eine Anzeige und ein Drohbrief vom Ordnungsamt. Mit Beweisfoto wehenden Herbstlaubes, das sich vor meiner Mauer sammelt! Auch Unkraut wird fotografiert und dokumentiert, wenn es nicht fristgerecht beseitigt wird.

Hier jedoch, vor meiner Außenmauer, habe ich Platz, viel Platz, die allergrößte Parklücke, die man sich als Berliner vorstellen kann. Zwei Einfahrten, ein Garagenhaus, eine Auffahrt. Und da kann ich machen, was ich will. Jedes Sandkorn, jeder Grashalm, der sich hier befindet, ist mein Eigentum.

Ja, und seitdem ich mich an diesen großen freien Platz gewöhnt habe, bekomme ich Klaustrophobie, wenn fremde Menschen beim Einparken zu dicht an meinen Wagen heranfahren.

Meine Maßstäbe haben sich verschoben, da der Mensch sich an nichts schneller gewöhnt als an Luxus.

Parkt ein Arschloch Stoßstange an Stoßstange oder gar so dicht, dass ich meine Türen seitlich nicht mehr bis zum Anschlag öffnen kann, steige ich aus und gebe meinem Bedürfnis nach, besagtem Verkehrsteilnehmer deutlich zu machen, dass er ein Riesenrindviech ist.

Zurückzubrüllen hilft bei mir gar nichts, auf die Hupe drücken ebenso wenig, weil dann ein Stau entstehen wird, denn ich stehe ja hinter meinem Wagen und blockiere die Durchfahrt, sodass alle sehen, wie sich hier ein Konflikt zusammenbraut.

In ihrem Leben zwischen Trübsinn und Testosteron sind die Brandenburger aber oftmals unerwartet aufbrausend. Da ist es für mich die beste Waffe, zu berlinern wie eine Bierkutscherin. Wer in solchen Momenten des Heimatdialekts nicht mächtig ist, hat eigentlich schon verloren. Hier muss man beweisen können, dass man aus dem Bauch des Volkes kommt, sonst kann's schon mal eins auf die Mütze geben.

Also, Porschefahrer, steig gefälligst wieder ein und such dir eine andere Parklücke, du Trottel. Ja, so ist das heutzutage, der Platz auf unserem Planeten wird langsam knapp und du kannst froh sein, dass ich dich daran erinnere. Je mehr Menschen es gibt, desto weniger Platz werden wir haben, und der Planet Parkhaus ist nun mal winzig.

Leben wir nicht alle mit dem Ziel, der gemeinen Masse eine Nasenlänge voraus zu sein? Im Parkhaus zeigt sich, wie clever man ist. Wir drängeln uns in eine günstige Position, erobern den besten Winkel und versuchen den Typen neben uns auszutricksen. Wenn wir am Samstagmittag zwischen Ikea und dem Media-Markt unseren Wagen abstellen wollen, ist das ein bisschen wie Mensch ärgere Dich nicht.

Dies entspricht dem Trend, dank der Vorteile verschiedenster Apps und Bluetooth-Verbindungen alles schon frühzeitig zu buchen: die Kinokarten, den Tisch im Restaurant, die Plätze in der Bahn, die Liege am Strand und damit die Mitmenschen, die spontan angetrabt kommen, um ihren Freiraum zu bringen.

Wir alle haben seltsame Gewohnheiten rund ums Auto. Aber ohne Wagen kann man auf dem Land einfach nicht überleben. Man kommt ja nicht mal an seine frischen Schrippen.

Deswegen gibt es auch in meiner Region mehr Autohäuser als Friseure in Berlin. Schon meine holperige Kopfsteinstraße ist gesäumt von zwei Gebrauchtwagenhändlern. Und dort gibt es flotte Flitzer. Mit riesigen, gezackten Preisschildtafeln in Orange und Pink, die ihre Wirkung nicht verfehlen.

Und es gibt natürlich auch gebrauchte Opel Astra. Ja, man kennt mich hier an meiner Straßenecke, schräg gegenüber vom Rathaus, und im Autohaus weiß man, wer ich bin. Man glaubt, ich habe Geld. Aber beim Autokauf geht es um Emotionen, und deswegen wird der Verkäufer versuchen, eine Beziehung zum Kunden aufzubauen. Nun bastelt sich ein jeder das Bild von mir aus den medialen Schnipseln zusammen, die er beim Zappen so aufschnappt. Sein ganz eigenes Bild. Und wenn ich dann vor ihm stehe, wird er bemerken, dass dieses Bild gar nicht stimmt, weil ich hauptsächlich mit Pudelmütze und Jogginganzug und einer dicken Daunenweste ungeschminkt schweigend durch die Einkaufszone schleiche. Oder mein Straßenareal harke.

Wenn ich nun aber ein Autohaus betrete, dann denkt sich der Dealer: Die blonde Kodderschnauze ist nicht auf den Mund gefallen, da wollen wir doch mal locker-flockig den ein oder anderen Spruch ablassen. Denn er hat gelernt: Verkaufen soll wie Flirten sein. Und mit der hochgetunten, aufgetakelten spitzesten Zunge der Nation mal in so engen Kontakt zu kommen, das wird einem nicht alle Tage beschert. Also geht es dem Verkäufer darum, sich ins beste Licht zu rücken. Es gibt dabei nur zwei Probleme: Für dummes Geschwätz hab ich erstens keine Zeit, und meine Familie ist zweitens tabu.

Der Fordhändler hat mir schon auf schotterigem Boden am Gartenzaun zugewinkt, mir an der Einfahrt die Hand geschüttelt und freundlich gefragt, wie es mir geht. Ein grober Fehler! Warum sollte ich einem fremden Mann erzählen, wie ich mich fühle, und wieso will er das überhaupt wissen? Um mir einen Ford Edge anzudrehen, der zu klein ist, um einen iPod und Computer einzustöpseln?

Danke schön, der Herr Verkäufer, ich schaue mich nur unverbindlich um … und ich bin in Eile.

Um der Gebrauchtwagenmafia auszuweichen, haben wir heute die Möglichkeit, uns auf Plattformen vorab zu informieren, sodass wir gewappnet sind, wenn sich der Dealer als regionaler Bandenchef entpuppt.

Dass jedes Auto, für das man sich auch nur ansatzweise interessiert, sowieso das beste Vehikel am Markt ist, weiß ich vorab. Und mir ist auch klar, dass ich die Möglichkeit der Barzahlung immer als Ass im Ärmel haben sollte, denn was die Finanzierung anbetrifft, schafft es Verhandlungsspielraum und zeigt, dass man am längeren Hebel sitzt.

Leute, ich komme aus einem Kiez, in dem gern auch mal Perserteppiche gegen einen Gebrauchtwagen eingetauscht werden. Das kann man natürlich auch machen. Die Rolex auf den Tisch legen und dafür in den Sportcabrio einsteigen. Auch wenn der Typ mir erklären wird, dass ich mein Geld auf die Bank schaffen soll und man mir eine Null-Prozent-Kreditfinanzierung anbietet, werde ich bestimmt keinen Wagen leasen. Ich will meine eigene Kiste fahren und keine, die ich niemals wirklich besitzen werde.

Aber ich habe als Kundin im Autohaus ein großes Geheimnis: Was ich am meisten hasse, das ist, von Verkäufern Dinge gezeigt zu bekommen, die nicht dem entsprechen, was ich suche. Das macht mich wahnsinnig, genau wie beim Schuhkauf. Also, wenn ich ein goldenes Cabrio/Pumps suche und man mir einen schwarzen Van/Stiletto zeigt. An der Käsetheke wäre es ja auch

Betrug, mir Schinken einzupacken! Warum soll ich mir also beim Autokauf Dinge aufschwatzen lassen, auf die ich keinen Appetit habe?

Eigentlich bin ich die ideale Kundin, die einen Auftrag per Telefon erteilt, alles bereitstellen lässt, den Wagen vor die Tür stellen lässt, drei Tage Probe fährt, um zu prüfen, ob die Chemie stimmt, und dann die Rechnung nebst Papieren an die Firma/Buchhaltung meines Mannes schicken lässt.

Und Mr. Salesman soll mir bloß nicht sagen, dass ich in seine Höhle kommen soll, damit er mir den Listenpreis zeigen kann. Listenpreise macht leider nur der Weihnachtsmann; ich halte schon die Bezeichnung für eine Erfindung. Wie »Rentnerschwemme« oder »Menschenmaterial«. Alles nur Termini, um den Kunden zu verwirren.

Was kostet denn nun die Kiste? Hat sie einen Preis oder hat sie drei Preise? Bedeutet der Listenpreis nun Händlerpreis, Bankwert oder Verhandlungsbasis? Ist es ein anderer Betrag als die Zahl auf den bunt gezackten Schildern? Warum? Und wenn ich bar zahle, was ist dann? Bei einem Bentley würde mein Geld wahrscheinlich nur ausreichen, um den Polstersitz aus Leder in Vintage rosé mitzunehmen und vielleicht einen Knüppel von der Gangschaltung. So kann man sich ja im Laufe der Jahre die Teile zusammensuchen.

Und was ist mit den ganzen Extras, die geradewegs wie an einer Eisdiele dafür sorgen, dass die Preise flexibel gestaltet werden können? Sonnendach gefällig? Spurhalterassistent? Kameraüberwachung? Da kann der geschulte Verkaufsassistent mir doch was vom Pferd erzählen! Vielleicht hat der Wagen ja Extras eingebaut, die man gar nicht haben möchte, weil man sie nie benutzen wird? Für solche Elemente, habe ich mir fest vorgenommen, werde ich auf jeden Fall den Preis abziehen! Ich habe schließlich nicht um diese Sonderausstattung gebeten und kann gerne auf meine eingebaute Rückenmassage verzichten.

Was mir schon gar nicht passt, ist, wenn man von mehreren Dealern gleichzeitig bedient wird, die einen umkreisen wie gierige

Haie. Dann komme ich mir vor, als würde mich eine Gang einkesseln, und ich werde in dieser Lage ganz bestimmt schnell die Flucht ergreifen.

Aber auch ich Unwissende habe Möglichkeiten, mich zu verteidigen und angesichts des Überangebotes an Autos und Verkäufern günstig zu platzieren. Zunächst einmal: Autoverkäufer sind keine Akademiker. Wenn man mit zwölf Verkäufern gesprochen hat, stellt man fest, dass zehn von ihnen nicht unbedingt große Leuchten sind. Alles, was man für diesen Beruf mitbringen muss, ist, im Autohaus gewaschen anzutreten und irgendeine verdammte Karosse an den Mann zu bringen. Es gibt keine Anforderungen an eine besondere Ausbildung, an Intelligenz, Studium oder Qualifikation, schon gar nicht an einen speziellen Schulabschluss.

Man muss einfach der Typ dafür sein, Autos lieben, mit Fachvokabular um sich werfen und eine große Klappe haben. Dann bekommt man Provision. Man sollte ein Blender sein, dem einer abgeht, wenn er an Scheine denkt. Jeder Depp weiß, dass man lieber das Auto anpreisen wird, das einem mehr Provision einbringt, als eine Rappelkiste, die zwar günstig ist, aber dem eigenen Einkommen nicht dient. Die meisten Autoverkäufer bleiben keine drei Jahre in dem Job, und sie sind nicht unbedingt Experten.

Ich hatte mir vorgenommen, es meinem VIP-Verkäufer schwer zu machen. Denn *ich*, die Frau mit dem Bargeld in meinem Brustbeutel, ich werde sagen: »Ich habe zwanzig Minuten. Hier ist das Auto, das ich suche, und das ist der Preis, den ich dafür zahlen werde. Entweder ihr macht mir einen guten Deal, oder ich bin weg. Es gibt genug Autohändler. Beeilt euch.« Nicht der Autoverkäufer soll mich abholen, sondern ich werde ihn dort abholen, wo er steht. Er geht lieber abends mit einer Provision nach Hause als ohne. Machen wir was draus. Denn bei automobilen Fachsimpeleien stoße ich schnell an meine Grenzen.

Jedenfalls fing bei mir der absehbare Ärger schon mal damit an, dass ich ein neues Auto brauchte. Mein alter Wagen war mir zu schmutzig geworden. Ich fahre zwar immer gerne durch die Waschanlage, um dabei ein Nickerchen zu machen, aber im Auto selber hatte das tobende Leben doch so seine Spuren hinterlassen. Winterstiefelspuren, Softeis, Kaffeekleckse, das Übliche eben. Auch die vereinzelten Schrammen hie und da vom Einparken, ein verbeultes Nummernschild und ein arg mitgenommener Seitenspiegel signalisierten, dass ein Wechsel anstand.

Die Farbe meines Wagens wollte auch mit meiner pastelligen Wintergarderobe nicht so recht harmonieren, hatte ich mich doch vom jahrelang favorisierten Schwarz-Weiß-Look verabschiedet und wollte von Sepia-antik nun auf Porzellanweiß umsteigen. Und bitte was Großes. Weißer Range Rover. Oder Land Rover in Vanilla, so in der Art. Ich wäre auch bereit, auf Arktikweiß als Farbvariante umzusteigen, aber man soll ja bei einem Fahrzeug eigentlich nicht die Farbe kaufen, sondern einen umweltfreundlichen, nachhaltigen, am besten recycelbaren Wagen. Gerne als Sonderausstattung ein großer Schminkspiegel, bitte auch am Beifahrersitz, und mit Beleuchtung, das war mir das A und O. Hinten getönte Scheiben. Wer weiß, wohin man noch ausweichen muss, wenn man auf Lesetour ist, da wird man des Öfteren auch chauffiert und will hinten in Ruhe sein Nickerchen machen.

Ich hatte mich also auf Motorengeräusche und Plauderei über Pferdestärken eingestellt und vorab ein klein wenig Motorenöl als Parfüm hinters Ohrläppchen getupft. Ein psychologischer Trick, um olfaktorisch den Verkäufer in die Enge zu treiben und seine Sinne zu benebeln. Wenn ich wie ein Auto rieche, dürfte ihm das ja vertraut erscheinen.

Und so bin ich dann zu dem feudalen Autohaus bekannter deutscher Marken auf dem Weg nach Potsdam umgestiegen, das auch mit einer Sonderabteilung für Gebrauchtwagen lockt, und habe natürlich vorher mich und meine alte Kiste frisch gewaschen, damit mich der Verkäufer auch respektiert.

Ein Maserati soll's nicht werden, da hätte ich schon lieber einen Aston Martin, wenn schon, denn schon. Und keinesfalls eine Limousine, so ein Schlitten, als wäre ich ein Vertreter. Nein, ich brauche was mit Ladefläche. Und vorne bitte was Großes, der Wagen dient als Erweiterung meines Zuhauses, wo man hinten auch mal Kostüme und Jacketts aufhängen und die Ladefläche für einen Umzug nutzen kann. In kleinen Autos kriege ich Platzangst. Eine große Frau verlangt nun mal nach Bewegungsfreiheit im Auto. Dies ratterte mir so im Kopf herum, während ich längs der ICE-Bahnstrecke zwischen Wald und Flur in den Brandenburger Gebrauchtwarenladen vis-à-vis vom Weizenfeld einfuhr.

Und schon kam ich mir vor wie in der Empfangshalle an der Börse. Emsige Telefonistinnen, die flugs den Chef des Hauses und seinen Handlanger alarmierten und hinter sich eine Pinnwand mit Autogrammen von Filmstars aus Babelsberg platziert hatten.

Nun sprachen sie selber ins Mikro: »Bitte Herr Haschke in die Empfangshalle.«

Unterdessen geleitete man mich entlang einer Zone aus roten Teppichen und Kordelabsperrung durch mehrere Flure in das Epizentrum des Herrschers über so gut wie alle deutschen, britischen und asiatischen Marken.

Was sich heutzutage alles Büro nennt … sieht eher aus wie ein Balkanpuff. Oh, là, là, die pastellige Sitzlandschaft vor kniehohem modernem Kunstwerk, amateurhaft eine Lyra mit einem gewölbten Notenblatt verkörpernd, darauf eine Glasplatte. Soll wohl als Tisch dienen und mir Loungefeeling suggerieren. Ich nehme Platz und fühle mein Chassis automatisch tiefergelegt. Schon dampft ein Latte macchiato vor meiner Nase, und leise, sehr leise fiedelt Bach, Brandenburgisches Konzert, im Hintergrund. Soll Wohlfühlatmosphäre suggerieren.

Irgendein Lackaffe hat mich bis dahin betreut, im schwarzen Anzug mit schwarzem T-Shirt und schwarzen Lackschuhen. War ein bisschen zu oft im Sonnenstudio, der Gute. Egal. Jetzt nämlich kommt der Herrscher im Paradies der automobilen Fortbewegung.

»Herzlich willkommen, mein Name ist Dennis Haschke, wie kann ich Ihnen eine Freude machen?«, begrüßt mich mein Fachverkäufer in diesem Wunderland, das nach neuen Autos riecht. Sauber, steril, aseptisch, ledrig und frisch gelackt.

Schon legt er die Hand auf meine Schulter und schließt an: »Meine liebe, verehrte Frau Nick, wofür brennen Sie? Woran haben Sie Spaß?«

Na ja, dass ich hier keine Waschmaschine kaufen will, dürfte klar sein. »Ich möchte einen günstigen und geräumigen Gebrauchtwagen in Weiß«, sage ich. »Also zeigen Sie mir was Passendes. Aber nur mit Navi und Einparkhilfe. Und nur Automatik. Und mit einem großen Schminkspiegel.«

»Natürlich, liebe Frau Nick, selbstverständlich«, sagt der Oberfachverkäufer geschult. »Deshalb wollen wir doch gemeinsam herausfinden, welches Auto zu Ihnen passt. Welche Hobbys haben Sie zum Beispiel? Sie als selbstbewusste Frau sind doch sicher der Adventure-Typ.«

Dabei fasst mich Dennis Haschke wieder ganz sachte an der Schulter, zum gefühlten elften Mal innerhalb von viereinhalb Minuten.

»Klar«, sage ich und nippe an dem Latte. »Ich liebe Kitesurfen und Freeclimbing. Was man halt so macht als Schauspielerin und Alleinerziehende aus Brandenburg.«

Wobei ich mir demonstrativ eine imaginäre Fluse von der Bluse wische. Und hinterherschicke: »Ach was, machen Sie sich mal keine Sorgen, Hobbys sind was für Leute, die nicht ausgelastet sind. Ich habe keine Zeit für Hobbys, nee, nee, ich gehe aber viel auf Lesetour. Und ich shoppe gerne, manchmal schleppe ich sogar Männer ab, da brauche ich eine große Ladefläche.«

Worauf Dennis H., 38, begeistert in die Hände klatscht, mich kumpelhaft knufft und ruft: »Da haben Sie recht, Frau Nick, ich habe jetzt auch angefangen zu lesen, aber so was von.« Kunstpause. Dann: »Und die Familie so? Wie alt ist Ihre Tochter?«

Ich stelle den Latte zurück und sage: »Wo ist denn jetzt Ihr

Showroom? Ich komme mir vor wie in einem Etablissement. Mit Ihrer Kundenansprache fühlt man sich ja wie im Rotlichtviertel.«

Haschke, Dennis, arbeitet natürlich nach dem Lehrbuch, will eine Fünf-Minuten-Freundschaft aufbauen, weil man unter Freunden eine Vertrauensbasis etablieren kann. Kunden waren einmal. Die wurden abgeschafft. Da man fünftausend FB-Freunde hat, muss eben auch der Kunde im Autohaus zur Freundschaft gezwungen werden.

Ich denke dabei zuerst einmal ans Geld. Haschke meidet das Thema, sagt, er wolle nach was besonders Günstigem »Ausschau halten«, quasi wie auf dem Hochsitz, und weicht jeglicher ernüchternder Konkretheit geflissentlich aus. Klar, der Preis könnte ja auch der Showstopper sein.

Ich weiß, was hier läuft, und vor allem weiß ich, dass ich, die mit leichtem S-Fehler ausgestattete besserverdienende Singlefrau mit Lifestyle-Flair, ein typisches Opfer bin. Das Opfer schlechthin im Autohaus, denn eigentlich bin ich gekommen, um einen großen, beleuchteten Schminkspiegel zu kaufen, mit ein bisschen schickem Auto drum rum. Ein Teil, das meine Kleider und Schuhe transportiert. Denn ich liebe Kleider, und ich brauche einen Wagen, der mich zu neuen Kleidern und Einkäufen fährt. In die Mall. Wo ich dann neben dem Kleid noch schnell meine Milch morgens hole.

Nachdem Dennis Haschke sein Drehbuch und seine auswendig gelernten Monologe abgespult hat, informiere ich mich über das Angebot zwischen Mini Countryman, Cabriolet und den geräumigen Tourenwagen für meine Großeinkäufe in den mich umgebenden Provinzen.

Praktischerweise kommen wir immer wieder auf einen SUV zurück, mit dem man im Parkhaus kaum um die Ecken kommt und am Kurfürstendamm nur mit Mühe jemals eine Parklücke ergattern kann. Gerne einen Porsche Cayenne mit einem riesigen Scheibenwischer, der jede Menge Strafzettel aufnehmen kann. Den würde ich dann allerdings in Schwarz fahren. Um allen richtig zu zeigen, wer hier die Queen ist. Und wem die Straße vor meiner Tür gehört.

Und dann hole ich zum strategischen Gegenschlag aus: Ich stelle laut den Acryl-Lattebecher auf den Glastisch und schnelle nach oben. »Herr Haschke, ich muss weg. Ich bin auf dem Sprung zu einer Talkshow mit Auto Bild. Für die schreibe ich neuerdings Kolumnen, also, wir sehen uns nächste Woche, danke für den Kaffee«.

Eine Woche später dampft ein neuer Latte macchiato auf dem Kunstwerk-Tisch.

Ich, La Nick, Brandenburgerin in hohen Hacken, habe nicht umsonst meine Fett-Weg-Hose angezogen und das enge Tigerkleid in Schwarz-Weiß.

»Dennis … ich darf doch Dennis sagen, oder? Mein lieber Dennis, wir hatten letzte Woche einen etwas hektischen Start, wie das so ist bei uns Medienmenschen«, beginne ich und fasse Herrn Haschke ganz leicht und vertraulich an der Schulter. »Was halten Sie davon, wenn wir noch mal ganz von vorn anfangen?«

Ich beuge mich nach vorn, ergreife mein Zigarettenetui und lege das metallene Feuerzeug musikalisch und scheppernd auf dem Trivialkunstglastisch ab. Herr Haschke ist hin und weg von der neuen La Nick und holt schon mal die Sektflöten. Ich ziehe an einem braunen Zigarillo.

Während ich nonchalant fallen lasse, dass mein Sohn Hochseeangeln, Katamarane, Wracktauchen und Achttausender liebt, in England studiert und Ruderer ist, beginnt Dennis H. mir wie ein Wackeldackel beizupflichten.

Ich lege noch einen nach: »Mensch, Dennis, Sie wissen doch, in meiner Familie, da fließt in den Adern das Adrenalin pur.«

Tut mir leid, aber wenn geschachert wird, da müssen auch die Kinder herhalten. Denn nun hole ich zum strategischen K.-o.-Schlag aus. Ich nippe an der Flöte und sage – natürlich mit Handauflegen auf die Schulter des Verkäufers: »Das alles ist natürlich nicht ganz billig, wie Sie sich denken können, Dennis. Deshalb brauche ich einen wahnsinnig geräumigen Wagen, mit der höchsten verfügbaren Motorisierung, für, sagen wir, fünfzig Prozent des

Listenpreises.« Listenpreis mit laszivem Lispler ausgesprochen, versteht sich.

Herr H. erhebt sich, um ein weiteres Heißgetränk aus der Maschine zu zapfen und mir im Acrylglas zu servieren.

Ich schlage die Beine übereinander und hauche kumpelhaft: »Dennis, ich weiß, dass Ihre Marge das hergibt. Zeigen Sie, was Sie können.«

Dennis Haschke wird blass.

Jetzt Schultergriff von mir, sanfter Druck, tiefer Blick in die Augen, Wimpernverlängerung nur am äußeren Augenwinkel. »Kommen Sie, Herr Haschke, das schaffen Sie. Wo wir uns doch so gut verstehen. Und ich bin ganz sicher, dass Ihre Marge das hergibt.«

Beschwingt tänzelt Dennis zum Telefon, schaut auf sein Notebook, verschwindet hinter einer Schleiflackregalwand – wahrscheinlich um sich in die eigene Faust zu beißen, damit er nicht laut schreien muss –, streicht sich mit beiden Händen durch die schwarz gegelten Haare und sagt dann: »Aber so ein Preis bleibt unter uns, versprochen?«

Er hält mir einen Zettel unter die Nase, mit den versprochenen Konditionen.

Ich strecke ihm meine Hand entgegen und sage: »Eine Frau – ein Wort! Und bitte: Grüßen Sie Frau und Kinder! Ach, noch was: Ich nehme den Wagen gleich mit für die Probefahrt. Ich melde mich in drei Tagen und sage Ihnen, ob es zwischen uns gefunkt hat.«

Beschwingt verlasse ich das Autohaus. Ich sitze in einem weißen Hyundai Santa Fee, der sich fährt wie ein Schiff und die Hälfte der Kosten eines BMW verursacht.

Ich habe mein Ziel fokussiert erreicht, wenn auch nur bedingt. Erst wenn ich in dem weißen Range Rover sitze, mit den goldenen Buchstaben drauf und der limitierten Innenausstattung, dann kehre ich nicht mehr zu Herrn Haschke zurück und werde mit meinem Wagen alt. Ich plane nach der ersten großen Liebe in Weiß auf die dunkelgrüne Variante umzusteigen.

Man sitzt so schön hoch in diesen Vans, wie in einem Raum-
schiff. Und man kann immer beobachten, was die Leute so treiben,
die unter mir im Porsche sitzen. Die Armen, die haben ja so wenig
Platz und begnügen sich mit dem Areal eines Zuchtbullens aus der
Massentierhaltung.

Während ich vom Hof fahre, geht mir durch den Kopf: Mit
Autos kann man wahrscheinlich mehr Umsatz machen als mit
Büchern.

8 Meine wahren Weltrekorde

Leider, leider ist der Fußballer ja schon lange nicht mehr das, was er mal war. Schnurrbart, Vokuhila, aufgeschlagene, haarige Männerknie und dreckige Stutzen mussten sandgestrahlten Unterwäschemodels weichen, bei denen man nie sicher sein kann, ob es nun der Sanitäter oder der Visagist ist, der über das Spielfeld zur Erstversorgung herbeieilt. Bei Models wie David Beckham, Ronaldo, Götze beobachte ich eine Vermeidungstaktik von Kopfbällen, wohl aus Angst, die Frisur könnte Schaden nehmen. Sicher weinen diese Helden der Fußballnation heimlich, wenn ihnen unter der Dusche Schaum ins Auge gerät … Da ist man doch dankbar für jeden kantigen Bartschatten, der unsere Frauennationalmannschaft ziert. Von deren Erfolgen können die Männer nur träumen. Weltmeister in Serie.

Diese Weltklassefrauennationalfußballelf wird hoffentlich erst der Anfang gewesen sein bei der freundlichen Übernahme ehemaliger Männerdomänen der Leibesertüchtigung. Hier ist ja noch viel zu tun, wir sprachen schon davon.

Für die kommende Epoche erwarte ich, dass es bei den Sportlerinnen einen ernsthaften Ehrgeiz gibt, endlich für Deutschland eine ordentliche Fraueneishockeymannschaft aufzustellen. Warum wird Eishockey links liegen gelassen von den Frauenrechtlerinnen? Bei achtzig Millionen Deutschen werden sich ja wohl als Unterrandgruppe einer Minderheit zweiundzwanzig Mädels finden lassen, die in schwerer Montur mit dem Schläger einem Puck hinterherjagen wollen.

Das sollte wohl machbar sein, wenn man bedenkt, dass Boxen als Sportart unter den Frauen bereits etabliert ist. Und bitte unbedingt: Eine sympathische Hammerwerferin gilt es zu protegieren, so ein Mädel, das auch mal im weit ausgeschnittenen Boxer-T-Shirt ohne BH rumlaufen kann und mit den Brusttattoos einfach nur megacool aussieht.

Man braucht im Gegensatz zu den Einzelkämpferinnen halt viele Gleichgesinnte, um eine Elf zusammenzustellen, aber so wie es einst auch als undenkbar galt, dass vierundvierzig hopsende Brüste ein Spiel der Frauennationalelf überstehen, so hoffe ich, dies alles möge erst ein Anfang sein. Der Anfang der Gleichstellung, was Extremsportarten anbetrifft. Allzu lange wurden wir für blöd verkauft und auf Haushalt, Handtaschen und das Hüten des Heimes reduziert. Klar, es mag auch heute noch Frauen geben, die denken, eine Bananenflanke sei ein Rezept aus dem Brigitte-Kochbuch. Aber im Zuge dieser geradezu fanatisch religiösen Besessenheit, mit der Fußball propagiert wird, hat selbst eine klischeebehaftete Blondine begriffen, dass der Begriff »Gruppenerster« keine Fachsprache aus dem Swingerklub ist. So weit haben wir uns von der Sachkenntnis im Fußball dank der letzten Dekaden von WM anstecken lassen, dass so manche Ehefrau auch gerne den Abend neben einem Partner auf der Couch verbringt, der seit zwei Wochen dasselbe Fanhemd trägt. Wenn die Mutti dann erdnussknabbernd die deutsche Mannschaft unterstützt, indem sie anfeuert: »Jetzt wechsel doch mal!«, weiß jeder im Raum, dass dabei nicht das verschwitzte Polyestershirt gemeint ist. Also, wir können inzwischen mitreden.

Genauso wie es smarte Polizistinnen gibt, die mit der Dienstwaffe unter schusssicherer Weste und cooler Jeans mitten in der Gesellschaft angekommen sind, so müssen wir uns wirklich nicht wundern, wenn selbstbewusste junge Mädels darauf verzichten, mit »Foul« den Kerl zu meinen, dem sie am Samstagabend das Bier zur Sportschau servieren, sondern stattdessen selber aktiv werden. Während nämlich die sandgestrahlten Fußballer in der Umkleide über Conditioner, Haarspray und Pflegespülung sprechen, sortieren wir schon mal unsere Sport-BHs, bandagieren die Handgelenke und legen die Seile zum Steilwandkraxeln an. Im Polarmeer schwamm bei minus fünfzig Grad als Weltrekord immerhin eine Frau, kein Mann. Wir sind Elend und Leid gewöhnt, und jeder weiß, dass Frauen mit körperlicher Belastung nonchalanter umzugehen wissen als die zimperlichen Kerle. Es war eine Frau, die nach achtzehnhundert Kilometern auf Skiern die Eiswüste der Antarktis durchquert hat – aus eigener Willens- und Muskelkraft. Und das Kitesurfen ist auch im Unisex-Bereich angekommen. Hat nur den Nachteil, dass man in eine Hightech-Grundausrüstung investieren muss, die gewartet werden will, zu den Hotspots um den halben Erdball fliegen muss und aufgrund der Neoprenanzüge hässliche Bikinilinien-Streifen auf ansonsten schneeweißer Haut bekommt.

Es möge bitte eine durchtrainierte Extremsportlerin nun auch endlich mal den Globus mit dem Fahrrad und der GoPro auf dem Kopf umrunden, sonst heißt es noch für die nächste Epoche der Emanzipation, wir seien »das schwache Geschlecht«.

Unser Geist will so viel mehr als das, was unser Körper vermag. Die alte Geschichte mit dem Holzfällen … es wird niemals Frauenarbeit werden, Steine zu schleppen und Fichten klein zu hacken. Aber Fahrradfahren ist ja geschlechtsneutral. Ist dann wohl doch eher eine Frage der Willenskraft als der körperlichen Fähigkeit. Vielleicht würden mehr Frauen sich aus zweihundert Metern Höhe mit Plastikflügeln von einer Klippe stürzen, wenn man nachweisen könnte, dass davon die Cellulitis verschwindet. Oder Heidi am Ende ein Foto für uns hat?

In vielen Gebieten haben Frauen längst die eigenen Grenzen überschritten, sind Soldatinnen, Kanzlerinnen, Präsidentinnen geworden und haben heroisch Vorbildfunktion eingenommen. Das volle Potenzial, das uns innewohnt, mental wie auch körperlich, haben wir noch längst nicht ausgelotet. Uns wurde ja Tausende von Jahren suggeriert, dass wir schwach und abhängig sind – immer eine gute Voraussetzung, um am Leben zu scheitern. Aber die vergangenen Jahrzehnte haben uns auch aus der eigenen Komfortzone vertrieben. Wer als Ärztin Nachtwacheschicht schiebt, um tagsüber seine drei Kinder alleinerziehend zu versorgen, wird obendrein eher noch angefeindet als gelobt. Da heißt es dann: Ob das wohl den Kindern guttut, ob das wohl eine gute Mutter ist, nur eine Frage der Zeit, wann das Burn-out droht, das kann ja nicht gut gehen. Und so weiter.

Für persönliche Höchstleistung erfährt eine Frau in unserer Gesellschaft stets eher Neid und Missgunst als Lob. Im Extremsport allerdings wird der Wagemut honoriert. Hier bekommt das Kind sozusagen einen Namen.

Hindernisse sind nachweislich deutlich erkennbar, wenn Frau antritt, das Unmögliche zu bewältigen. Es ist ja ein generelles Manko unserer Gesellschaft, dass wir im Alltag dazu erzogen werden, Hindernissen aus dem Weg zu gehen und stets den bequemen Weg zu suchen. Die Latte-macchiato-Kultur verkauft uns das als Luxus und Lifestyle. Nebenbei sind wir aber inzwischen schon zu faul geworden, unsere Milch selbst aufzuschäumen oder einen Salat anzurichten.

Es ist ein Phänomen unserer westlichen Gesellschaft, dass der Exzess kontrolliert und in Wohlstand verpackt stattzufinden hat. Drei Tage durchzechen ist okay, aber bitte im richtigen Szeneklub. Da ahnt dann jeder, dass es eine Leistung gewesen ist, Hardcore abzufeiern und das Pensum durchzuhalten. Nicht anders als beim Mountainbikemarathon. Auch kein Zuckerschlecken, wenn man dann noch seine Periode hat.

Warum sollen wir Frauen, die wir Kinder gebären, nicht mithalten können, wo wir doch im Alltag eh die Extremsportlerinnen per se sind? Auf hohen Hacken über Kopfsteinpflaster, mit Kleinkindern im Supermarkt den Großeinkauf zu bewältigen und die Wasserkisten mit einem Kind auf dem Arm in den vierten Stock zu schleppen, wenn man keinen Fahrstuhl hat, ist auch eine Art von Extremsport.

Kein Mann kann sich vorstellen, was es bedeutet, Presswehen zu haben. Frauen sind von Natur aus leistungsfähiger und schmerzunempfindlicher als Männer. Aber während Männer alles zum »Schwanzvergleich« nutzen und an die große Glocke hängen, stecken Frauen die Belastungen eben auch ganz en passant weg.

Männer bilden sich am Ende sogar noch was drauf ein, wenn sie im Guinnessbuch den Weltrekord im Hotdog-Essen halten. Siebenundsechzig Stück hintereinander runtergeschlungen, aber ich bin Weltmeister. Sind wir sowieso, im Extrembügeln! Vierzig Jahre Dreckwäsche bewältigen macht jede Frau zur Weltrekordlerin.

Müsste man halt mal unter Wasser machen, mit dem Wäschekorb auf hundert Metern Tiefe, und dann mit Atemmaske geile Bilder posten – wirkt garantiert. Aber es ist einfach nicht unser Ding, den Haushalt an die große Glocke zu hängen. Auch nicht unter Wasser. Was haben Frauen nicht schon für Weltrekorde gebrochen, ohne dass einer darüber gesprochen oder geschrieben hätte: Ganze Mäntel haben wir gestrickt, mit zwei Ärmeln dran, Bündchen am Kragen und eingearbeiteten Knopflöchern, Norwegerrollkragenpullis mit fünf Nadeln und kompliziertem Rentiermuster, Socken für die ganze Großfamilie mit sieben Nadeln, riesige Patchworkdecken gehäkelt, echte Erbstücke. Alles Weltrekorde, über die keiner sprechen mag. Höchstleistungen, die einfach unter den Teppich gekehrt werden.

Und dann werden wir noch als Tussis verspottet, wenn wir eine Ballonfahrt mit einer Flasche Sekt machen wollen, während ein Baumgärtner Felix daherkommt und im silbernen Overall aus der Stratosphäre rausspringt. Ja, und was hat er jetzt davon? Was soll man mit so einem Kerl anfangen, der vom Rand des Weltalls abspringt? Macht er das noch mal, ist das jetzt alles vorbei und wem nützt das was? Da hab ich lieber einen IT-Fachmann am Frühstückstisch, der mir meine Computer konfiguriert oder das Dach reparieren kann.

Ich mag diese sinnlosen Weltrekorde nicht, die von den Männern unter dem Deckmantel der Sportlichkeit aufgestellt werden.

Bierkistenstapeln und so etwas. Extremsport ist es auch, die längsten Fingernägel der Welt oder die größte Barbiepuppensammlung zu haben.

Im Übrigen sind diese ganzen Hobbys ja auch sehr zeitintensiv. Wer Weltrekorde brechen will, muss ja praktisch seine berufliche Tätigkeit an den Nagel hängen, um das Amateurniveau zu verlassen. Sportveranstaltungen an den Wochenenden, Steigerung des Trainingspensums, Reisen in Regionen, die den Sport übers Jahr möglich machen, Networking bei Trainern der höheren Liga, all das beinhaltet auch einen enormen Egoismus. Das Sonntagsfrühstück mit der Liebsten hat ein Mann, der ein Bikermarathon fahren will oder eine Rallye durch die Wüste, doch von seinem Zettel gestrichen. Und hier scheidet man als Frau schon aus. Familie, Freunde, Kinder hintanzustellen und deren Bedürfnisse einfach beiseitezuschieben hat was Asoziales. Tut es ein Mann, setzt er sich knallhart ein Ziel, dem sich alle unterordnen müssen, gilt dies als gelebtes Heldentum und entspricht wieder dem althergebrachten Rollenklischee. Aber was ist mit einer Frau anzufangen, die im Triathlon unterwegs ist und dem gemütlichen Platz am warmen Herd den Rücken gekehrt hat? Ist dieses Programm einer Extremsportlerin nicht eine Kampfansage an Liebe, Partnerschaft und Häuslichkeit? Klar. Aber es wird honoriert und umjubelt, wenn Männer zu genau diesem Kampf aufbrechen.

Und darum geht es: einem Mann, der von seinen Eroberungen als Schürzenjäger in der Kneipe prahlt, klopft man auf die Schulter. Tut es eine Frau, ist sie eine Schlampe. Darum braucht die Welt dringend mutige Frauen, die ohne Atemmaske in der Tiefsee bügeln, Steilwände sechsten Grades hinaufkraxeln, durch Afghanistan radeln und im Einer die Welt umrunden. Denn wir können viel mehr als Frauencatchen im Schlamm. Und wenn man uns schon abbildet, dann immer schön im knappen rosa Trikot.

Was soll das? Wenn wir hammerwerfen, soll das Ding dann auch rosa sein? Versaue ich mir meine Chancen am Heiratsmarkt, wenn ich Diskus- oder Speerwerferin bin? Eindeutig ja. Es ist schlecht fürs Image. Passt nicht zum Urbild der Frau. Die ganze Gleichberechtigung scheitert auch an der Ästhetik.

Wir als Idol von Frau orientieren uns immer noch an den griechischen Göttinnen. Voller Tugend und gleichzeitig voller Laster. Ein moderner Mann will Aphrodite nicht auf dem Sportplatz begegnen. Und auch nicht erleben, wie sie ihm einen Hammer entgegenschleudert.

Denn den griechischen Göttinnen fehlte es an körperlicher Stärke. Artemis ist intelligent, Athene ist geschickt, aber als Frauen zogen sie die Männer nicht an. Demeter ist die Magna Mater Terrae, der Boden, aus dem neues Leben kommt und erwächst. Hera ist als Gehilfin des Zeus gezeichnet, ihm untergeordnet, wenn sie auch von Zeit zu Zeit gegen ihn rebelliert. Hestia, die Schwester des Zeus, ist das Heimchen am häuslichen Herd, die selbstlose Jungfer. Sie alle kommen als Vorbilder für das moderne Image der Frau wenig infrage.

In Schwimmwettkämpfen jedoch, wenn die Göttinnen das knappe Trikot, viel Po und Bein zeigen, dann entsprechen wir wieder dem althergebrachten Image, Verführerin und körperlich begehrbar zu sein. Solange Frauen einer bestimmten Ästhetik entsprechen, verzeiht man ihnen vieles.

Synchronschwimmerin dürfen wir sein. Beachvolleyball-Queen. Gladiatorenkämpferin mit dem Künstlernamen Dallas Desire. Körperbetontes Rugby auf Rollschuhen, in Bikinis, so will man uns sehen. Gibt's ja schon, nennt sich Rollerderby. Auf Rollschuhen wird im aufreizenden Outfit gerempelt und geschubst, bis der Arzt kommt. Netzstrümpfe sind Pflicht. Da haben wir also eine richtig amerikanische Sportart, die es seit 1935 gibt und die in Stadien mit bis zu 50 000 Plätzen stattfindet, komplett verpasst. Aber dafür wetteifern wir im Cheerleading.

Im Gegensatz zum Synchronschwimmen hat man beim Cheerleading wenigstens keinen Luftmangel und festen Boden unter den Füßen. Ich finde, das ist für mittelmäßig begabte Tänzerinnen ein sehr schöner Sport, mit den Lamettapompons und immer einem strahlenden Lächeln. Eine gute Vorbereitung aufs Showbusiness allemal, besser jedenfalls, als trübsinnig die Boulekugeln durch den Sand zu rollen oder dieses gähnend langweilige Dartzielscheibenspiel, nicht mal das traut man uns zu. Wo sind bitte schön die Snookerladies?

Was haben wir nun wieder falsch gemacht, dass wir da nicht mitspielen dürfen? Wie gemein ist es doch, dass uns Frauen niemand am Billardtisch ernst nehmen will, dass es keinerlei Turniere für die Mädels an den extragroßen Snookertischen gibt, bei denen wir mit eleganten Queues die Bälle versenken dürften. Verstehen wir die Regeln nicht? Reichen unsere zehn Finger nicht aus, um die Punkte zu addieren? Wo ist das Problem? Die Diskriminierungen nehmen kein Ende.

Schach ist auch ein frauenfeindlicher Sport! Wo verstecken sich die Großmeisterinnen im Schachspiel? Ist Schach zu wenig schweißtreibend, um anerkannt zu werden? Will man uns schwitzen und schuften, aber auf gar keinen Fall denkend sehen?

Wirklich ebenbürtig sind die Frauen den Männern nur im Dressurreiten. Das Bild der galoppierenden Amazone, die die Hüften kreisen lässt, jaaa, da wird uns Frauen die Huldigung als legendäre Wesen absolut gerecht. Und im Beherrschen der Hengstparade sind wir Frauen brillant. Was für ein edler Anblick so eine Militaryreiterin doch ist. Wie leidenschaftlich sie den Sattel beim Westernreiten auswischt. Hoch zu Ross kommt wirklich alles zusammen, was Frauen der Welt an Kultur, Ästhetik, Sport und Grandezza zu Füßen legen können. Welch wilde Romantik es beinhaltet, zu wissen, dass man den Araberhengst nur kraft seiner Schenkel zu beherrschen versteht. Nein, der Tanzsport und der Reitsport stehen auf einsamem Podest für uns Ladies, und niemand macht dort besser bella figura als wir.

Wenigstens ist es so, dass vom Schachbrett bis zum Fußballplatz, vom Boxring bis zur Rennstrecke, vom Schwimmstadion bis zur Skisprungschanze nur die Leistung zählt. Aber das Limit ist noch lange nicht erreicht, wenn es darum geht, intensiv die männlichen

Domänen des Sports zu erobern. Bei uns Frauen steht immer das Erleben im Vordergrund, nicht die Trophäe. Was uns stärker macht, ist die Summe an Erfahrungen, das Überwinden unserer eigenen Grenzen – nicht der Jubel von Millionen Fans oder astronomische Ablösesummen. Für uns lohnt es sich auch, wenn wir als Extremläuferin 10 000 Meter Höhenunterschied überwinden und dann in Zermatt mit dem Rucksack ganz alleine auf der Hütte unseren Strudel essen. Nur wir wissen, was wir geleistet haben, keiner feiert mit uns mit – aber okay, das sind wir gewohnt. Es ist für uns nichts Neues, dass keiner jubelt, wenn wir unseren persönlichen Weltrekord gebrochen haben. Denn so haben wir tagtäglich in der Evolution überlebt.

Nur eine Sache kickt uns ins Abseits: gar nicht erst anzutreten. Das ist es, was den Verlierer kennzeichnet. Die jüngste Teilnehmerin bei der Olympiade in Sotschi war Gianina Ernst: eine fünfzehnjährige Skispringerin aus der Schweiz. Hier spielt die Musik. Sport muss und Sport wird unisex sein – so wie die Trikots es sind für den Eiskanal im Skibobrennen: One size fits all. Forever.

We are ready for take off.

9 Die Heinrichshöhe – begehbare Wirklichkeit

Andere Leute, die mit dreißig schon ein eigenes Haus hatten, ein vorbestimmtes Leben mit Bausparvertrag oder eine ererbte Immobilie ohne Hypothek in Traumlage, quasi als Lebensstandard von Hause aus, gähnen jetzt wahrscheinlich.

Nun, wann gähnen jene nicht, die eh alles haben? Ihnen bleibt zumindest die immense, gigantische Freude vorenthalten, jemals zu erfahren, was es bedeutet, sich die eigene Scholle erarbeitet zu haben und diese nach der eigenen Fasson zu gestalten, zu hegen und zu pflegen. Wie in einem Traum, der begehbar geworden ist und sich plötzlich materialisiert.

Andererseits gibt es jene, die beim Thema »Eigenheim« nur abwinken, um von eingefrorenen Leitungen, Müllgebühren, Sklerotinia-Fäule, verrosteten Leitungen, Frostschäden, Mardern im maroden Dachstuhl, aufsteigender Kellerfeuchtigkeit, Nacktschneckenbefall, Schimmel an den Außenwänden, Salzausblühungen im Mauerwerk zu erzählen und froh wären, wenn sie den alten Kasten bloß wieder loswürden.

Nein, keine Chance, mir das Glück meines Lebens zu vermiesen, denn ich bin völlig verstrahlt im Landhaus-Honeymoon.

My home is my castle, indeed!

Eigentlich suchte ich nur ein kleines Holzhäuschen zum Erwachsenwerden. Eine Laube fürs Wochenende in der Kolonie »Heiterkeit«, wo man ungeschminkt die eigenen Tomaten ziehen kann. In der Ferne hört man das vertraute Surren der Autobahn, zur

Rechten donnert im Zehnminutentakt ein ICE über die Bahntrasse. Ach, wie wäre das schön gewesen: ein überschaubares kleines Glück.

Und jetzt blicke ich von meinem Himmelbett aus auf fünftausend Quadratmeter Parkanlage, wogende Hortensien und üppige Geranien vorm Küchenfenster.

Aus dem Wald hinterm Haus tritt gelegentlich ein Reh. Ich sitze stumm am Fenster und kann nicht fassen, was ich erreicht habe. Denn es ist mein eigenes Landhaus. Ich habe eine weiße Säulenvilla. Und sie stand nie auf meiner To-do-Liste. Auf dem Zettel, den ich mir vor etwa zwanzig Jahren gemacht habe, um meine guten Vorsätze bis 2025 zu notieren, fehlt der Posten Eigenheim. Heißt es nicht immer, man müsse sich klare Ziele setzen, um voranzukommen?

Die besten Dinge, die ich in meinem Leben erreicht habe, hatte ich nie angepeilt. Irgendwie auf der Bühne gelandet, per Zufall nach zwölf Jahren Beziehung voller Heimlichkeiten schwanger geworden und vom Trampolin meiner Bühnenshows sowohl in die Staatstheater als auch in die Medienwelt geschossen. Ein einziges Abenteuer ohne Masterplan und Lebensentwurf am Schreibtisch. Mein einziges Motto, der Stern, der mich geleitet hat, war stets: Fuck them if they can't take a joke. Und ich hasse Langeweile. Diese beiden Eigenschaften haben alles andere mit sich gebracht. Der Rest war Rock'n'Roll. Na ja, nicht ganz. Wenn man es genau betrachtet, war es eher eine Mischung aus Blues und Free Jazz.

Nur das spießige, kleine Glück in der Laubenkolonie »Heiterkeit«, das ich mir nebst Frühschoppen erträumt habe, das konnte ich nicht erhaschen.

Und ohne je als Ziel einen Landsitz vor Augen gehabt zu haben, bin ich dennoch Eigentümerin und gleichzeitig Besitzerin (Ein eklatanter Unterschied! Zwei völlig unterschiedliche Dinge, die nichts miteinander zu tun haben!) von repräsentativem Wohneigentum. Meine Heimat ist nun ein Haus, für das ich ab sofort verantwortlich und zuständig bin. Hauswände, die fünfhundert Quadratmeter

Wohnfläche umgeben und um die ich im Nachthemd herumgehen kann, ohne dass mich jemand sieht.

An dem Haus hing eine hundertjährige Rhododendronallee, die einen riesigen Garten umgibt, welcher rankende, duftende Rosenbüsche, bunte Stauden und viel Grünzeug mit sich brachte, von dem ich bis heute nicht mal weiß, wie es heißt.

Mein Haus ist weder ein Tausendstel-Anteil von Gemeinschaftseigentum, noch ist es ein Timeshare-Ding, sondern es ist ganz und gar meins. Jedes Mal, wenn ich die Tür aufschließe, habe ich Herzklopfen. Und nicht nur das: Ich habe die Handynummern von Nachbarn, die es bewachen, gestapeltes Holz vorm Geräteschuppen, Markisen zum Rauskurbeln, Rasenflächen, Lichtungen, Terrassen und: einen Springbrunnen. Außerdem stehen auf dem Gelände zwei zusätzliche Gästehäuser. Die Baugenehmigung für den linksseitigen Hang war dem Kaufvertrag beigeheftet. Ich hatte nie danach gefragt.

Wenn ich will, kann ich hier ein Hochhaus mit Eigentumswohnungen hinsetzen und annoncieren: »Barrierefrei leben mit Désirée Nick. Lesungen und bunte Abende inklusive. Ergattern auch Sie ein Stück vom Paradies.«

Mein Haus auf dem Lande ist mir gegen alle Pläne einfach passiert. Das ist das Problem mit To-do-Listen: Peilt man seine Träume an, baut man ferne Ziele auf, auf die man zusteuert, zutreibt und für die man ob der eigenen spinnerten Wünsche vielleicht noch verlacht wird. Was ich gesucht habe, war nie ein Haus, sondern die Verheißung eines neuen Lebens. Das war mein Plan. Von Träumen halte ich nicht viel, denn sie pulverisieren sich und sind gekennzeichnet vom Erwachen.

Doch wie, um Himmels willen, konnte all das passieren? Wie, verdammt noch mal, bin ich zu meinem Schloss gekommen?

Ich glaube, das Haus hat mich gefunden und ist auf mich zugekommen, denn ich habe während meiner ganzen Suche nur zwei Objekte besichtigt. Und jeder, der zu mir kommt, hat das Gefühl, dass man die Seele der Besitzerin in meinem Heim erkennen kann.

Mich haben noch nie Häuser interessiert, die dem Zeitgeschmack entsprechen. Die haben meistens kein Herz. Für mich ist Minimalismus eine Pose, die mit der Identität des Besitzers nichts zu tun hat. Ich bin für Individualität. Moderne Häuser muten im Allgemeinen an wie Hotellounges, die sich zwischen Miami, Kapstadt oder Hongkong alle gleichen. Ich finde das langweilig und uniformiert.

Die meisten Leute haben Angst vor dem eigenen Geschmack. Aber weil mein Haus aus Dingen besteht, die mich berührt haben, ist es entwaffnend.

Natürlich braucht ein Haus Zeit, um zu wachsen, aber was ich wollte, was in mir lebte, war mir schon klar, als ich die heruntergekommene Hütte entdeckte, die jahrelang keiner haben wollte und die als Karteileiche bei »Immo&Schrott« schmorte. Sicher einsortiert in der Kategorie »Liebhaberobjekt« oder »Romantisch wohnen für Individualisten«. Zahllose Male besichtigt, um als Schrottimmobilie abgeschrieben zu werden.

Ich entdeckte meine Zukunft an einem Sonntagvormittag im Internet und gab im Bett in eine Immobiliensuchmaschine meine Wünsche ein. Völlig abstrus und überzogen: Stadtrand einer Metropole, Umkreis von Berlin fünf Kilometer, frei stehendes historisches Gemäuer vor 1900, mitten im Grünen, Obstwiese, Pferdekoppel und das Ganze im Rahmen eines bescheidenen Budgets. Und zack – mein Haus sprang auf.

Schon hier hätte es beim Coaching geheißen: Bleiben Sie realistisch, wenn Sie sich Ziele setzen. Drauf geschissen!, fällt mir da nur ein. Suchmaschinen verkraften alles.

Es sprang ja auch nur ein Objekt auf, und Anschauen kostet nichts. Melden Sie sich auf einem Internetportal für Besichtigung von Schlössern an und kling, ping: Der langweilige Sonntag ist wieder mal gerettet. Kein Hexenwerk.

Mein wichtigster Tipp, falls Ihnen auch mal so etwas passiert:

Immer auf schlechtes Wetter warten bei Besichtigungen. Im Sonnenschein sieht jede abgewrackte Scheune aus Beton irgendwie leuchtend aus, aber wenn wir da wirklich wohnen wollen, werden wir in genau dem Scheißwetter von heute aus dem Fenster gucken und das matschige Laub zusammenkehren müssen. Also: Besichtigung bei Regenwetter. Das ist besser, als im Sommer einzuziehen und dann im November zu entdecken: Ups, das ist jetzt aber blöde. Es sieht auf einmal alles so grau aus. Ist ja doch nicht so schön, wie ich dachte. Auweia. Das Haus hat doch einen Haken. Und der kommt jetzt raus. Sozusagen. An der Nordseite wirft es ja auf einmal richtig lange graue Schatten. Ist ja alles dunkel hier. Stört irgendwie. Na toll, wieder mal beschissen worden.

Nee, nee, nee, nee, nee. Immer so besichtigen, dass die Erwartungen niedrig sind, dann gibt es später hübsche Überraschungen an Schönwettertagen, wenn die Vögel zwitschern und die Grillen zirpen.

Ich selber habe im Oktober besichtigt. Es war kalt und grau. Schon meine Ankündigung, ein Haus völlig unverbindlich besichtigen zu wollen – was übrigens eine beliebte Freizeitbeschäftigung geworden ist, quasi ein unterhaltsamer Zeitvertreib, für den man keine Eintrittskarte kaufen muss –, hatte einen Aufschrei des Entsetzens zur Folge. »Um Himmels willen, du wirst dich ruinieren, ein Haus ist ein Fass ohne Boden, die ziehen dich über den Tisch, diesen Immobilienhaien bist du nicht gewachsen!« Das war seitens Kollegen, Freunden und Familie der allgemeine Tenor.

Und warum habe ich mich nicht abhalten lassen? Genau die Portion Wahnsinn, die man haben muss, um seine eigenen bescheidenen Grenzen zu sprengen und über sich selbst hinauszuwachsen, bemächtigte sich meiner. Mich interessierten weder Unkenrufe noch Warnungen oder berechtigte Ermahnungen der ewigen Zweifler. Warum muss ein Mensch sich erklären, wenn er ein Heim, ein Fleckchen Erde in diesem kurzen Leben haben möchte, das er sein Eigen nennen darf? Einen Ort der Heimat, von dem er kommen und an den er zurückkehren wird, solange er lebt.

Ganz einfach einen Platz für meine Handtaschensammlung und meine zweitausend Paar Schuhe. Das muss ja wohl drin sein. Wohin mit all den Showkostümen, den Noten und Outfits? Wohin mit meinem Schmuck und den lieb gewordenen Kleinigkeiten, an denen mein Herz hängt? Ich habe gespürt, dass es richtig ist, diesen Weg zu gehen und auf alle Kommentare anderer einfach zu scheißen. Ich wollte Manuskripte, Bücher und Finanzamtsunterlagen, Rentenbescheide, Kataloge, meine hervorragenden Hymnen im deutschen Feuilleton und gesammelten Spielsachen, nicht zuletzt meine Schminksachen, Pflegeprodukte, Noten und vor allem meine Bücher nicht mehr in Kisten und Kästen horten, sondern in weitläufigen Regalen ordentlich sortiert griffbereit parat halten.

Bei der schnell vereinbarten Besichtigung, die ich eigentlich als Jux geplant hatte, wusste ich bereits, dass ich hier leben würde, als ich das schwere, rostige und klemmende Eisentor zur Seite wuchtete und den Hügel hinaufschritt. Jawoll: Hanglage. Kein Kiesweg möglich. Rutscht bei Regen ab und kann nicht gefegt werden. Oben angekommen, lag die romantische sogenannte Landhausvilla vor mir. Angepriesen als Liebhaberobjekt, ehemaliges Forsthaus, denkmalgeschütztes Fachwerkhaus, umgeben von altem Baumbestand. Erbaut 1880. Den Kaufvertrag hätte ich schon unterschrieben, bevor ich auch nur über die Schwelle des Hauses getreten war. Ich erspähte zwischen wogenden Baumwipfeln nämlich mehrere Terrassen, weitläufige Weganlagen, viel Freifläche, eine herrliche Aussicht dank der Hanglage, grüne Obstwiesen und abfallende Felder, Pferdekoppeln mit einem See am Horizont.

Mein Makler von Immo&Schrott aus Spandau wartete schon im Auto und fragte mich, ob ich *die* Désirée Nick sei … Ja, sie lebt wirklich, atmet und spricht und ist kein Hologramm. Man kennt mich an der Tanke und bei Rewe, man weiß, dass ich zu viel Kuchen kaufe und regelmäßig Stammkundin beim Italiener um die Ecke bin. Dass ich schon verliebt war, quasi im Vorübergehen, auf den ersten Blick, das wusste der Immobilienfachverkäufer natürlich nicht. Da ich aufgrund meiner bescheidenen bildungsbürgerlichen Herkunft ein Leben lang von der Familie des Vaters meines Sohnes gedisst worden bin und das, obwohl ich über siebzehn Jahre lang eine Beziehung in Heimlichkeit zu führen hatte, kann ich meine Emotionen sehr gut unter Kontrolle halten.

Wir blieben am Gartentor stehen und stapften beschwerlich Schritt für Schritt die Steigung hinauf. Puh!

Ich monierte die unbequeme Auffahrt, die Hanglage der Örtlichkeit, die hinsichtlich des ja wohl abschüssig verlaufenden Entwässerungssystems einige Besonderheiten mit sich brächte. »Liegt das Erdgeschoss etwa unterhalb der Rückstauebene?«, gab ich besorgt zu bedenken. Bevor Herr Waitkowski in seinem gestreiften, engen Rollkragenpullover und dem Kunstlederjackett Luft holen konnte, legte ich schnell noch einen nach mit der Frage: »Über wie viele Meter fällt das Grundstück denn prozentual gerechnet ab?« Waitkowski fing an zu hüsteln. »Warum spielt das denn jetzt für Sie an dieser Stelle eine Rolle?«, entgegnete er und streckte mir flugs den Lederjackenarm entgegen: »Hier, das Exposé.«

Er wunderte sich wahrscheinlich auch, dass ich alleine gekommen war, was sehr ungewöhnlich ist, da Besichtigungen meistens unter Zeugen oder mit Partnern stattfinden.

Offenbar hatte der Mann nicht mit präzisen Nachfragen gerechnet, sodass ich weiter in ihn dringen musste. »Nun, ich verschaffe mir einen Eindruck von der geologischen Situation des Objektes. Regenwasser fließt ja wohl von der Seite ein? Wo befindet sich denn die Drainage, die um das Haus gelegt sein muss? Es müssen ja schutztechnische Maßnahmen gegen das Hangwasser getroffen worden sein. Gibt es ein Bodengutachten, aus dem sich der Mehraufwand je nach Gefälle errechnen lässt?«

Tja, Waitkowski, es gibt Fragen, die man mit sehr großer Wahrscheinlichkeit gestellt kriegt, wenn man ein Objekt in Hanglage präsentiert.

Besorgt bemühte er sich, mich federnden Schrittes leicht Richtung Haus zu schieben. Es dämmerte. Wahrscheinlich wollte er die

Füße hochlegen, sich schön eins zischen und dann im Internet die Dinge auf seinen verschiedenen Dating-Plattformen in Ordnung bringen. Er betonte beim Schieben die Südlage des Anwesens und hampelte mit einem Schlüsselbund rum.

Ich kommentierte erschöpft: »Tja, bei südlicher Hanglage, da muss man oft die Fenster putzen, denn die Sonne bringt alles an den Tag, nicht wahr? Aber wissen Sie, eigentlich suche ich ein Schwedenhaus – auf Stelzen. Haben Sie so was? Ein schwebendes Haus auf Stelzen lässt doch Herz und Seele gedeihen.«

Der Makler wusste jetzt, dass er es mit einer Verrückten zu tun hat. Das ist ja das Schöne, dass man nur eine poetische Sprache an den Tag legen muss und zack, hat man alles getan, um als verrückt zu gelten. Zumindest im allgemein geschäftlichen Umgang.

Nun konnte ich mir alles herausnehmen. Es ist immer von Vorteil, als verrückt zu gelten, weil es einem größeren Spielraum gewährt. Mein Immobilienrechtspfleger wühlte in seinen Unterlagen und verwies auf den reichen alten Baumbestand des Waldgrundstücks. Eigentlich las er nur vom Zettel ab, was im Exposé steht.

»Ach du lieber Gott«, holte ich aus. »Das macht aber viel Arbeit. Schauen Sie mal, wie viele Kiefern hier stehen, das sind sicher an die dreißig Stück, und man weiß ja, wie Nadelstreu den Waldboden versauert. Und wer will schon versauerten Waldboden, nicht wahr? Sicher ist der Boden arm und trocken, sonst würden hier nicht so viele Kiefern stehen, aber dafür ist Brandenburg ja bekannt. Diese Monokulturen bringen ja reichlich Nachteile, vor allem durch die Massenvermehrung von Schädlingen. Die Nonne frisst ja die ganzen Wälder im Süden Brandenburgs kahl, wissen Sie das nicht? Und sie ist der gefährlichste Forstschädling Mitteleuropas mit ihren verfressenen Raupen. Und überhaupt: Sie zeigen mir hier dauernd Sachen, die ich gar nicht wollte. Ich wollte weder Hanglage mit abschüssigem Gelände noch einen Wald, denn wenn ich ein Waldgrundstück bekomme, dann vermisse ich hier einen Bachlauf. Und dann kommt hier noch die Waldbrandversicherung hinzu, das war alles nicht so geplant, Herr Waitkowski, nein, wirklich nicht.«

Inzwischen legte ich mich richtig ins Zeug. Seine Antworten habe ich in meinem Redeschwall gar nicht mehr abgewartet, aber darum ging es auch nicht. Er wusste inzwischen, dass ich ein Sonderfall in seiner Kundenkartei bin, und wollte positive Stimmung machen. Ich hingegen wollte negative Stimmung machen. Denn ein Haus zu kaufen ist kein Zuckerschlecken und auch kein Spaziergang. So viel wusste ich. Deshalb war ich gewappnet, und es galt dumme Floskeln im Keime abzuwürgen. Die Jagd war eröffnet.

»Aber schaun Sie mal, Sie haben hier so viel Baumbestand, da können Sie doch Ihr eigenes Brennholz machen! Sie haben hier auch reichlich Platz für die Lagerung!«, argumentierte der Herr von der Hamburg-Mannheimer pfiffig.

Ich entgegnete leicht genervt: »Aber ich bitte Sie, wir reden hier von Anschlusskosten ohne Ende! Eine Brennholzausrüstung kostet mich knapp zweitausend Euro, ich brauche Schutzkleidung, einen Helm, eine Spaltaxt, eine Kettensäge, eine Packzange, einen Fällheber und eine Wippsäge. Und was die Lagerung anbetrifft, müssen erst Vorkehrungen getroffen werden, denn das beeinflusst den Wirkungsgrad und die Emissionen. Laubholz muss mindestens drei Sommer lang luftig trocknen. Und wenn dann hier Äste bei Sturm auf die Wege stürzen, das kann ja wirklich nervig sein. Dieses Objekt birgt sehr viele versteckte Kosten und Extras.« Waitkowski presste die Lippen aufeinander. Bloß nicht lächeln, wird er gedacht haben, das gilt als plumpe Anmache. Stimmt ja doch, was in der Zeitung steht, die Nick, das ist ja ein richtiger Besen ist das ja. Sperrige Type.

Mein Fachverkäufer für romantische Häuser in Stadtrandlage bekam jetzt schlechte Laune. Er blickte beim Sprechen immer auf den Boden und klapperte mit den Augenlidern. Das dient dem Selbstschutz, wenn ein Mann es mit einer haarigen Hexe zu tun hat.

Er sagte: »Gut, dann können wir das jetzt hier auch abbrechen. Innen ist das Objekt als sanierungsbedürftig eingestuft. Sie müssten auf jeden Fall in Schönheitsreparaturen investieren. Falls Sie es sich doch noch überlegen, hier ist meine Visitenkarte.«

»Aha«, erwiderte ich. »Also eine völlig abgewohnte Drecksbude. Na, jetzt bin ich extra aus Berlin gekommen, da lassen Sie uns noch schnell einen Rundgang machen.«

Und so öffnete er mir die Tür zu meinem Hexenhaus. Na bitte, passt doch. Wie ein böses, giftiges Tier zog es mich in seinen Bannkreis verwinkelter, unpraktischer und obskurer Stuben. Eine geheimnisvolle Ostblockhütte, in der man sich an Eichenbalken den Kopf stieß, gegen »blinde Türen« rannte, über Gerümpel aus sieben Jahrzehnten stolperte, auf klemmende Fensterläden, Schimmelbefall, abgeschrabbelte Holzbetten hochkant gestellt, ein Sammelsurium aus Schrott und Sperrmüll sowie auf Vogelnester im Spitzboden stieß.

Es war verkorkst und vermurkst, aber die Fachwerkbalken und die ausgetretenen Wendeltreppen zwinkerten mir unerbittlich zu.

Von den Toiletten ganz zu schweigen. Standard 1930. Eine Wohnküche wie aus einem russischen Kriegsfilm. Hier musste erst mal ordentlich entkernt werden.

Wo vom Verstand geleitete Sachverständige abgewinkt hätten, weil der Keller knietief unter Wasser stand, die Wände faulig waren und das Dach so gut wie nicht vorhanden war, witterte ich rustikalen Knochenbau und setzte auf Zirbelstubencharme. Ich wollte dieses Haus!

Denn wo andere eine Abrissbude sahen, erkannte ich einen Landsitz.

Informiert man sich vorab darüber, was es beim Hauskauf zu beachten gibt, liest man von »Barrierefreiheit«, damit der Pflegeaufwand im Alter nicht zu kostspielig wird. Man hört von Tricks und lauernden Immobilienfallen. Man möge eine Schufaauskunft über den Architekten einholen, Wartungsprotokolle anfordern, Bestandsprotokolle anlegen, Bleirohren, Asbestablagerungen, bröckelndem Putz, Dachsparren, Dämmschichtmaterialien, Formaldehydbelastungen nachspüren und am besten einen peniblen Schwaben eine Gesamtanamnese des Hauses vornehmen lassen. Stolperfallen über Stolperfallen. Sachverständigengutachten über Sachverständigengutachten. Das kann ja nur schiefgehen … bis die Sache durch ist, hat längst ein kreativer, mutiger Jungscher zugeschlagen, weil er eh abreißen wird und nur das Grundstück will.

Es fing draußen an, in Strömen zu gießen. Das Haus wirkte düster und muffig. Weder sonnendurchflutet noch charmant. Es wirkte vernachlässigt, abgerockt und voller Tristesse.

Wunderbar! Bessere Voraussetzungen hätte es gar nicht geben können bei einem Besichtigungstermin. Solch ein Objekt kauft nämlich nur eine Verrückte. Das ist etwas für »Individualisten«, das Gegenteil vom Architektentraum.

Nie wieder wird der Herr von Immo&Schrott jemanden durch diese vergammelte Ostblockhütte schleusen, dachte ich mir.

Um mein Angebot abzuliefern, lotste ich den Experten, der mich nicht anhimmeln wollte, in die miserabelste Ecke des gesamten Objektes. Egal. Wenn ich jemanden will, der mich anhechelt, kaufe ich mir einen Hund. Wir standen nahezu knöcheltief im Regenwasser des feuchten, moderig riechenden Kellers, mit seinen Salzausblühungen an den Wänden.

Wahrscheinlich hatte ich ein irres Flackern im Blick, wie ein Jäger auf dem Hochsitz kurz vorm Schuss. Ich senkte die Stimme und sprach ganz leise an diesem lieb gewonnenen Ort des Grauens, der sich romantisches Objekt im Havelland nannte und meine Heimat werden wollte, vier Kilometer von Berlin, eingebettet zwischen Kultur und Natur, vor den Toren unserer wunderbaren Metropole und mit nur vierzig Minuten Fahrzeit bis zum Brandenburger Tor. Ein altes, geheimnisvolles, dunkles ehemaliges Jagdhaus, erbaut 1880, über vierzig Jahre abgeschottet von Zivilisation, modernen Baumaterialien, Bürgersteigen und einem hellen, lichten, fremdenfreundlichen Deutschland, entstanden, um von mir entdeckt und bezogen zu werden. Wie im Tierheim fühlte ich mich, wenn dich traurige Augen stumm anflehen und zu dir sprechen: »Nimm mich mit, lass mich armes Landwirbeltier nicht allein hier im Käfig zurück!«

Unter dem bräunlichen Linoleum roch es nach Katzenpisse. Bessere Verhandlungsbedingungen kann man sich gar nicht erträumen. Ich persönlich halte es für völlig falsch, in repräsentativen, smarten Glaspalästen, an todschicken Schreibtischen, umgeben von moderner Kunst in Verhandlungen zu treten.

Hier war der richtige Ort, um zu schachern: Ich sprach langsam und eindringlich. Offenbar haben Ahnherren von mir in russischen Hinterstuben gezockt, denn ich kam mir in dem Moment sehr überlegen vor. Erst mal etablierte ich schweigend ein bisschen Wartezeit. Wie diese grauen, besorgt dreinblickenden Rechtsanwälte, die mit dunklen Augenringen voller Trübsinn in den Gerichtsfluren auf die Verhandlung warten. Die Kellerschildkröten an der Wand warfen lange, schwarze Schatten an den bröckelnden Anstrich der nackten Wände, wo wir beide uns als Mann und Frau gegenüberstanden. Nun konnte er ja ein bisschen sinnieren, der Horst Waitkowski. Er aus Spandau, ich aus Mitte. Und das auf Ostboden. Scholle, die die meine werden wollte. Warum, weiß kein Mensch.

Man muss sein Hirn schon dick in Post von Wagner gewickelt haben, wenn man glaubt, Selbstständigkeit und Unabhängigkeit einer emanzipierten Frau bringe es mit sich, unfreundlich zu sein. Ich war sehr konkret an dem Objekt interessiert und sagte freundlich säuselnd mit meinem Berliner Singsang:

»Seien wir mal ehrlich, das soll hier wohl eine Verarschung sein? Sie zeigen mir allen Ernstes eine Schrottimmobilie, die nur deshalb noch am Markt ist, weil auf Ihre offensichtliche Abzocke kein Interessent reingefallen ist. Wenn Immo&Schrott einen Skandal braucht, dann dokumentiere ich diese Drecksbude mit meinem Mobilphon und leite den Preis, den Sie aufgerufen haben, an eine beliebte und große bunte Tageszeitung weiter. Die mögen dort nämlich große Bilder mit kleinen, aussagekräftigen Texten darunter. Ich würde dieses Objekt als einsturzgefährdet bezeichnen. Sich hier, wo wir jetzt stehen, überhaupt aufzuhalten, ist lebensgefährlich. Und da reden wir über an die sechshunderttausend Euro? Sie wissen, Sie haben es mit einem Laien zu tun. Aber ich bin nicht so dumm, dass ich nicht bemerkt habe, wie wir durch losen Kies und Sand eine schlecht befestigte Hanglange hinaufgestapft sind. Wie soll ich denn da meine Einkäufe und Bierkisten hochwuchten, das Altglas entsorgen, ich bin ja an die zehn Minuten unterwegs, um überhaupt an die Haustür zu gelangen, und kann froh sein, wenn ich dabei nicht vom Ast eines Ahorns erschlagen werde, der sich hier unkontrolliert ausgesät hat.«

Ich trat in den Flur zum Wintergarten unter der alten Eichentreppe, tippte mit der Fußspitze auf den Boden und zog das Tempo an: »Schauen Sie mal, billiges Laminat statt des versprochenen Parketts. Wir stehen hier in einer unverkäuflichen Ruine, und Sie können von Glück reden, dass Sie eine Künstlerin gefunden haben, die sehr viel Yoga macht und deshalb mit Körper, Geist und Atem in Einklang ist. Sonst würde ich nämlich ausrasten. Ich werde hier grundsanieren müssen, und jeder Bauleiter wird mir empfehlen, die Hütte abreißen zu lassen und hier ein Fertighaus hinzustellen. Mir gefällt an dem Objekt nur eins: dass ich keine Nachbarn habe, die mir in mein Privatleben schauen können. Ich schätze Diskretion, und deswegen biete ich Ihnen für diese Bruchbude genau die Hälfte. That's it. Take it or leave it.«

Der König aller Immobilienverkäufer nahm einen Zettel und sein Handy und meinte, er müsse mit der Besitzerin des Hauses telefonieren und könne zu meinem Angebot so nichts sagen.

Ich entgegnete: »Ach, wollen Sie mich jetzt unter Druck setzen? Hierfür gibt es keine anderen Interessenten, weil das Objekt endlose Probleme birgt. Ich habe Ihre Masche erkannt. Und wir sind hier nicht bei einem Wettrennen. Es gibt genügend Bruchbuden und alte Scheunen im Havelland, also richten Sie Ihrer Kundin aus, dass heute ihr Glückstag ist.«

Makler Horst verdrehte innerlich schon die Augen und hielt

sich telefonierend im sogenannten »Wintergarten« auf, einem Glasanbau mit Plastikfenstern, dessen Entsorgung kostspielig sein würde, und wollte mich meines Erachtens nur schnellstmöglich loswerden. Mich und das Objekt, für das er immerhin eine Maklercourtage berechnet.

Nach fünf Minuten kam er zurück und sagte: »Eine feine Sache: Die Eigentümerin wird es noch mal überschlafen, aber ich kann Ihnen signalisieren, das Haus ist Ihres. Details klären wir beim Notar im Nachgang, Papiere werden ausgefertigt, wie sieht's mit der Zahlung aus.«

Bingo! Ich entgegnete: »Herr Waitkowski, so was Nettes hat noch nie jemand zu mir gesagt.« Handschlag, fertig.

Bei Liebe auf den ersten Blick muss man sofort zuschlagen.

Ich habe Horst noch knapp vor Feierabend dazu verholfen, sich jene Form von Anerkennung zu verschaffen, die er exklusiv nur von Kunden bekommt. Er ist die Hütte losgeworden.

Manchmal muss man wirklich nur auf den Bauch hören. Als ich die Hand ausstreckte, um mit Horst Waitkowski, dem Makler aus Spandau, den Deal zu besiegeln, dachte ich komischerweise nicht, wie glücklich ich bin, sondern mir schoss durch den Kopf: Gibt es in Brandenburg überhaupt einen Winter? Und der Herbst wird mir hier sicher so viel Laub bescheren wie ein ganzer Schlosspark. Wer macht den Dreck weg?

Die Ahnungslosigkeit ist das Allergroßartigste an der ganzen Sache. Ahnung zu haben und sich Grundwissen zu verschaffen hält einen viel zu oft vom nächsten Schritt ab. Kein Mensch, der Ahnung hat, hätte je diesen Landsitz erworben. Genau ich war die eine blauäugige Romantikerin, die nur ihrer Intuition gefolgt ist und von der Makler unverkäuflicher Objekte träumen. Die Person, nach der ein Makler wie nach der Stecknadel im Heuhaufen sucht. Und dass ich ihm dann begegnet bin, ist doch schon das große Los. Da muss man allein dafür doch belohnt werden und darf nicht auch noch zur Kasse gebeten werden.

Man sollte prinzipiell bei Glücksgriffen die Preise halbieren. Ich halte das ökonomisch für ein spannendes Konzept.

Wenn ich je verkaufen sollte, würde meine Anzeige lauten: »Suchen Sie ein Heim für eine Familie mit rustikalem Humor, weltgewandt, weitgereist und doch der brandenburgischen Scholle treu geblieben? Vier Kilometer von Berlin und mitten im Paradies, ehemalige kaiserliche Jagdgründe, eine eklektische Mischung zwischen grob und fein, der perfekte Ort, um einen eigenen Stil zu kreieren, erbaut von Prinz Heinrich, dem mit der Mütze, Bruder von Kaiser Wilhelm II., daher genannt Heinrichshöhe: Stall trifft auf Salonkultur.«

Aber ich verkaufe ja nicht mehr. Ich vererbe.

10 In dubio pro secco

Viele Gesetze, die unseren Alltag formen und im BGB verankert sind, stammen noch aus der Gründerzeit.

Um beispielsweise die ehelichen Spießbürgerlichkeiten verstehen zu können, muss man sich erinnern, vor welchem Hintergrund diese Ehen – noch die unserer Eltern – geführt wurden. So war es bis 1966 untersagt, als Ehepartner trotz mangelnder Lust und Befriedigung beim Geschlechtsverkehr während des Aktes Widerwillen oder Gleichgültigkeit an den Tag zu legen. Wer das tat, verhielt sich gesetzeswidrig. Nun lässt leidenschaftlicher Einsatz natürlich unterschiedliche Interpretationen zu, und die Auffassung darüber, ob einer der beiden Partner bei Erfüllung der ehelichen Pflichten vielleicht nicht doch nur Hausmannskost und Routine serviert, waren bestens geeignet, um in öffentlichen Sitzungen hitzig debattiert zu werden. Man war auf jeden Fall besser beraten, in Konfliktsituationen beim ehelichen Sex Interesse zu heucheln, denn damit machte man sich unangreifbar. Lag man nur flach da wie ein Brett und hat sich beackern lassen, dann bot das juristischen Sprengstoff.

Und noch immer kann gelten: Wenn Ihr Mann also beim Geschlechtsverkehr laut stöhnt, bevor er kommt, und Sie wachen davon auf, dann lassen Sie sich wenigstens nichts anmerken. Machen Sie albtraumhafte Verelendungsgeräusche, die haben eine gewisse Ähnlichkeit mit der Absonderung lustvoller Laute und Sie bleiben damit auf der sicheren Seite.

Wenn allerdings beide Partner sich am Arsch vorbeigehen und

es einem Paar gerade recht kommt, dass der jeweils andere die Verrichtung des Aktes outgesourced hat, kann dies ein schweigendes Übereinkommen sein und damit als Trennungsgrund seine Relevanz verlieren. Sagt der Rechtsprecher.

Aber wer ist eigentlich »der Rechtsprecher«?

So wie ich ihn kennengelernt habe, ein Typ, der sich im Paragrafendschungel versteckt hält und mit seinen Weisungen, Richtlinien und Vorschriften in abstrakte Gesetze gießen will, was als Norm zu gelten hat und sich dann im Einzelfall nicht anwenden lässt.

Das ist auch wichtig, dass es nicht umsetzbar ist, denn sonst gäbe es keine Rechtsanwälte und keine Gerichtstermine, wodurch das große Rad der Justiz zum Stillstand käme und ein wesentlicher Bestandteil des Bruttosozialproduktes wegbrechen würde.

Hauptsache, sinnlose lange Schriftsätze verfassen, Öl ins Feuer gießen, Einigung und Schlichtung, Kooperation und Anstand verweigern, dafür provozieren, erpressen, unter Druck setzen und lügen, lügen, lügen. Nur diese Haltung sichert das Verfahren und damit Arbeitsplätze. Bloß kein Frieden, immer schön den Zwist schüren. Denn wem nützt der Frieden? Wo nicht gestritten wird, gibt es schließlich keine Baustelle für alle, die da mitlutschen.

Viele Menschen glauben, es läge im allgemeinen Interesse, eine Friedenskultur zu wahren. Aber das ist falsch. Es müssen Verfahren in die Wege geleitet und Potenziale unlösbarer Konfliktsituationen etabliert werden, um das Gemeinwesen, die Ämter und Verwaltungen und Justitia zu beschäftigen. Das Bundesverwaltungsgericht in Leipzig, der Oberste Gerichtshof in Luxemburg, sie alle könnten ansonsten die Schotten dicht machen, und viele Menschen würden ihre Arbeit verlieren. Das kann und darf niemandes Interesse sein. Da ist es schon besser, auf dem Spielplatz einem Kind mit der Schaufel eins überzubraten und die Mutter, die zur Verteidigung einschreitet, anzuspucken und gegen das Bein zu treten, um eine justiziable Baustelle zu schaffen. Das wäre quasi eine Arbeitsbeschaffungsmaßnahme nach Neuköllner Art.

Der Gesetzgeber hat leider nur dem Augenschein nach für alle Eventualitäten gesorgt. So unterliegt beispielsweise die Haustierhaltung genauesten Weisungen.

Etwa so: Nach dem Abkoten bleibt der Kothaufen eine selbstständige bewegliche Sache, er wird nicht durch Verbinden oder Vermischen untrennbarer Bestandteil des Wiesengrundstücks, der Eigentümer erwirbt also nicht automatisch Eigentum am Hundekot.

Oder so: Klaut der Hund eines Gastgebers das künstliche Gebiss des Gastes und verbuddelt dieses im Garten, muss der Halter des Tieres den Schaden mit seiner Haftpflichtversicherung decken (Landgericht Hannover, 18 S 86/04).

Für jeden abstrusen Fall scheint man gewappnet, aber nicht für das, was am Ende dann im Einzelfall tatsächlich passiert. Schon gar nicht für Fälle, in denen Madame La Nick vor Gericht erscheint und ihre Rechte erstreiten muss. Und das habe ich in meinem Leben von Anfang an tun müssen: Seien es Alimente, Herkunft, Abstammung, Umgangsrecht, kein einziges Recht meines Kindes wurde mir seitens des Vaters aus Anstand oder gar Ehrgefühl zugestanden. Alles musste ich mir erkämpfen, und dann wird sich noch gerne damit gebrüstet, überhaupt Alimente zu zahlen, als wäre das jemals freiwillig geschehen. Sich für das Selbstverständliche noch auf die Schultern zu klopfen und sich ob eines Minimums noch als Mann mit weißer Weste darzustellen ist wahrhaft armselig. Sogar dass ich keine Stalkerin des Vaters meines Kindes bin, habe ich amtlich besiegelt, denn seine Ehefrau hatte genau wegen dieses Delikts Strafanzeige gegen mich erstattet. Im Ergebnis hat sie aber nun ein Urteil in der Hand, das besiegelt, dass sie 250 000 Euro Ordnungsgeld oder sechs Monate Haftstrafe aufgebrummt bekommt, wenn sie noch mal wiederholt bzw. behauptet, ich sei nicht die Geliebte ihres Ehemannes.

Ja, es gibt Ehemänner, die lügen, wenn die Lippen sich bewegen, aber die Paare bleiben trotzdem verheiratet. So was ist natürlich grausamer als jede Haftstrafe. Aber wer will schon lebendig begraben sein?

Nachdem ich also beseelt und irgendwie auch naturstoned den Zuschlag für mein neues Heim bekommen hatte, sah ich mich schon im Havelland residieren und habe mir gleich mal Tapeten und Stoffe ausgesucht. Habe Listen angelegt, was es zu besorgen und zu ergänzen gilt. Pläne skizziert, wie ich mir mein Traumhaus zu gestalten gedachte. Fensterdekorationen und Blumenkübel entworfen. Geschwelgt, geträumt, geplant, skizziert und recherchiert. Brav einen Notar aufgesucht, die Grundbucheintragungen veranlasst, die Finanzierung bei einem Termin mit dem Chef der Geschäftskundenabteilung geklärt und mir überall eine zweite Meinung geholt. Übergabe mit entsprechenden Löschungen und Belastungen der Vorbesitzer im Grundbuch vereinbart. Und überhaupt erst mal dieses Dokument in Übergröße angefordert und erhalten, welches – groß wie ein Falk-Stadtplan – die Legende des Anwesens offenlegt.

Und sieh mal einer an: Einfach bei Immoscout am Sonntag im Bett einen Fisch aus den Untiefen des www geangelt, der eine Herkunft aus dem Märchenbuch vorzuweisen hat: Die vergammelte Bude, die es mir angetan hatte, entstand in ihren Grundfesten als Jagdsitz für den Großadmiral Prinz Heinrich von Preußen, 1862–1929, jüngerer Bruder Kaiser Wilhelms II., ein begeisterter Segler. Und Jäger natürlich. Sicher wird er auch dann und wann im nahen Walde Holz gesägt und in meinem Domizil regelmäßig gerammelt haben. Ein Säger und Rammler seines Zeichens, bat er also seinen Bruder Kaiser Wilhelm II. Ende des 19. Jahrhunderts, in dessen königlichen Jagdgebiet ein Forsthaus zu erbauen. Berühmt wurde der Auftraggeber meines Anwesens durch seine Prinz-Heinrich-Mütze des Kaiserlichen Yacht-Clubs, welche an die alte Uniformmütze der kaiserlichen Marine angelehnt war.

Das Havelland war seinerzeit nicht nur durch die Erzählungen Theodor Fontanes *Wanderungen durch die Mark Brandenburg* in aller Munde und gefragt, sondern auch dadurch sagenumwoben, dass Vorfahr Friedrich Wilhelm II. von Preußen hundertfünfzig

Jahre zuvor hier ein Flurstück erworben hatte, um eine Art Jagd-schlösschen zu erbauen, damit er dort Wilhelmine Encke rammeln konnte, die bei mir an der Ecke in der Hansastraße lebte. Heute nennt sich selbiges Anwesen Hotel Kronprinz. Dort verweist man in der Chronik mit Stolz auf die Rammeleien, die sich einst zwischen der Encke und Friedrich Wilhelm auf diesem Anwesen zugetragen haben. Auf meiner Türschwelle sozusagen.

Die in Sachsen geborene Encke war eine Dessauer Musikantentochter und zog nach Berlin, als der Herr Papa königlicher Kammermusikus wurde. So lernte sie den Kronprinzen Friedrich Wilhelm II. kennen und wurde später seine Mätresse, wobei er sie anständigerweise in den Adelsstand der Gräfin Lichtenau erhob. Er versorgte sie nicht nur mit Häusern in Charlottenburg und Potsdam, sondern schuf allüberall idyllische Lustschlösschen, um Madame sowohl als Säger als auch als Rammler bei Laune zu halten. Dass er ein Säger war, setze ich voraus, weil er gerne in den Wald ging und seine Liebste die berühmten Interieurs in Potsdam und Charlottenburg kreierte, was auf viel Liebe zum Holz und eine gewisse Sachkenntnis von dessen Verarbeitung schließen lässt.

In diesem angestammten kaiserlichen Jagdgebiet der Preußenkönige nun sollte sein Nachfahr Kaiser Wilhelm II. ein weiteres Flurstück lockermachen, damit auch der Bruder Prinz Heinrich, der Mützenmann, ein Refugium und einen Rückzugsort im Havelland bekäme. Ausgeführt wurden die Arbeiten an der »Heinrichs-höhe« vom kaiserlichen Hofstukkateur, der hie und da an den Außenmauern wohl auch ein bisschen geübt hat.

Kaiser Wilhelm II. war somit Bauherr der »Heinrichshöhe«, so benannt als Forsthaus in den Grundbucheinträgen. Die Epoche der Fertigstellung ging dadurch in die Geschichtsbücher ein, dass sie 1918 in die sogenannte Abschaffung des Adels mündete, welche nun bald hundert Jahre zurückliegt. Seitdem gibt es in Deutschland keinen Adelsstand mehr, sondern nur noch Titel als Namensbestandteil ohne jegliche standesrechtlich vererbbaren Privilegien.

Gerne hatte man im Sozialismus diese noblen Ursprünge des Anwesens unter den Teppich gekehrt, da der Adel wie gesagt nicht nur abgeschafft war, sondern in der DDR standesrechtliche Privilegien als Teufelszeug galten. Es oblag nun also mir, den Glanz der »Heinrichshöhe« zu neuem Leben zu erwecken.

Ja, und da sitze nun ich. Doch wer glaubt, dies wäre mir planmäßig und anständig zuteilgeworden, der liegt falsch. Im Gegenteil: Die Saga von meinem Einzug in die Heinrichshöhe beginnt mit einem Stück Papier, das mir beim Notar zur Unterzeichnung vorgelegt wurde. Nobel mit üblicher vierzehntägiger »Rücktrittsfrist«, quasi Bedenkzeit nach Pro-forma-Erwerb. Ein dolles Gesetz! Eine sogenannte Verarschungsklausel in meiner Terminologie. Weil jedes Arschloch, welches einem übel mitspielen will, vierzehn Tage lang verlogene Zusagen erteilen wird und ab Tag fünfzehn mit den Angriffen startet. So geschehen in meinem Fall der Übergabe des »Schnäppchenobjektes im Havelland«.

Ich sage nur: »Räumungsklage!« Immobilienrecht. Da winkt jeder Jurist ab und weiß, dass dieses Fachgebiet bestens geeignet ist, die Rechtsanwälte lange zu füttern.

Der Fehler im System ist schon mal, juristisch davon auszugehen, dass irgendjemand sich an Absprachen hält oder gesunden Menschenverstand walten lässt. Man möchte doch annehmen, dass jemand, der sein Haus am Immobilienmarkt anbietet, dieses aufzugeben, zu veräußern und somit auch zu verlassen gedenkt. Falsch gedacht, handelt es sich doch um eine Schlussfolgerung für Amateure. Nirgends steht geschrieben, dass es zwingend erforderlich ist, bei Verkauf ein Objekt zu räumen. Der gesunde Menschenverstand, der dies voraussetzt, ist nicht Bestandteil eines Kaufvertrags.

Es bedurfte erbitterter Kämpfe. Nachdem die Eigentümerin die Verkaufsdokumente besiegelt und die Kaufsumme im Sack hatte, bat ich höflichst um Mitteilung hinsichtlich der Räumung. Die wirklich bösen und ganz großen Desaster beginnen immer klein, perfide und hinterhältig – nicht mit einem Paukenschlag. Das Gift wird von bösen Menschen unmerklich verabreicht.

So wurde mir durch die ehemalige Eigentümerin Frau Scheidemantel zunächst ausgerichtet, ich solle mich zwecks Räumung mit dem Besitzer, nämlich Herrn Scheidemantel, in Verbindung setzen. Die Eigentümerin Scheidemantel sei schließlich nicht der Besitzer Scheidemantel. In diesem speziellen Fall waren Eigentümer und Besitzer ein Ehepaar. Getrennt und in Scheidung lebend. Ist ja nicht illegal. Die Mutti hat nun heimlich das Haus verkloppt, das Herr Scheidemantel von den Eltern ererbt und in die Ehe mit eingebracht hatte. Um seinen Gläubigern zu entkommen, hatte der bankrotte Ehegatte das Objekt Frau Scheidemantel einst überschrieben. Bingo! Das Szenario alleine genügt, um Rechtsanwälte und Gerichte jahrelang zu beschäftigen.

Herr Scheidemantel hustete nicht nur seiner Alten was, sondern auch mir. Nachdem die Kinder flügge waren, hatte Frau Scheidemantel schnell die Biege gemacht und ihr überschriebenes Eigentum zu barer Münze machen wollen, indem sie die Scheidung einreichte und das Haus auf den Markt warf.

Das alles ist ihr gutes Recht. Jeder darf verkaufen, was ihm gehört. Und ich kam als Käuferin da gerade recht, um alles Unheil und Unrecht dieses Paares auf mich als Puffer abwälzen zu lassen.

Das Arschloch Scheidemantel nahm sich einen Rechtsberater, der ihn schön in alle Tricks und Kniffe einweihte, um die Räumung auf die lange Bank zu schieben. Ich hatte meine Wohnung inzwischen schon gekündigt, in dem Glauben, die Räumung würde selbst angesichts dieser Probleme in einem halben Jahr vollzogen sein. Schließlich hatte mir das die Eigentümerin im Notartermin zugesichert, und die Akte enthielt die Klausel, dass ich das Objekt »mit Inhalt« des Ehemannes übernehmen würde. Über einen Räumungstermin sei dann zu beraten.

So machte ich mich denn auf und – hoffend auf eine zivilisierte Kooperation mit dem »Nochehemann und Besitzer« – glaubte naiverweise, im Guten die unausweichliche Räumung einvernehmlich regeln zu können. Deshalb suchte ich Herrn Scheidemantel mit einem Blumenstrauß in der Hand als die neue Eigentümerin auf. Amtlich gesehen, wohnte er ja nun nicht mehr bei »ihr«, sondern bei »mir«.

Am Gartentor angekommen, wurden gleich mal die Hunde auf mich gehetzt. Fluchend und brüllend schrie Herr Sch.: »Sie haben nicht bezahlt«, was immer das auch heißen sollte. Da ich das Tor beiseiteschob, um mich in der Parkanlage umzusehen, wurde Strafanzeige gegen mich wegen Hausfriedensbruchs gestellt. Alles völlig legal. Und ich war sogar im Unrecht. Dass ich mir einbildete, ich dürfe ein Objekt oder Grundstück betreten, welches ich erworben hatte, war ein grober Fehler. Noch war Herr Sch. der Besitzer und damit Hausherr, und ohne seine Einwilligung betritt niemand das Anwesen.

Somit wurde ein neuerliches Schreiben aufgesetzt, welches notariell einen Räumungstermin mit Schlüsselübergabe anberaumen sollte. Daraufhin kam ein Anwaltsschreiben zurück, mir stünde das Recht frei, meine Forderung auf dem juristischen Wege durchzusetzen und ein Verfahren anzustrengen. Übersetzt auf Deutsch: »Verklag mich doch, du Sau!«

In diesem Schlamassel ging die Zeit schnell ins Land, und alsbald waren sechs Monate vergangen. So war ich selbst es nun, die ob des Scheiterns der Justiz ihre bereits gekündigte Wohnung räumen musste und gezwungen war, die gesamte umfangreiche Habe einzulagern und in mein Büro zu ziehen. Dort lebte ich an die vier Jahre. Mit Kind. Die Bettstatt direkt neben dem Schredder, dem Drucker und dem Schreibtisch. Was soll man in diesem Milieu auch anderes machen als Akten bearbeiten? Es folgten Mietaufforderungen an Herrn Scheidemantel meinerseits, schön ausformuliert vom Immobilienanwalt, denn nach der Rechtslage sei der Besitzer natürlich verpflichtet, mir als neuer Eigentümerin Miete zu zahlen. Bzw. für meinen Mietausfall aufzukommen.

Damit zeigt einem der »Gesetzgeber« nun wirklich den Stinkefinger! Denn es gab ja keinen unterschriebenen Mietvertrag, also lag keine Verpflichtung Scheidemantels vor, Mietzahlungen leisten zu müssen. Klar, hieß es, müsse der Beklagte und Besitzer meines Objektes die Kosten für die Einlagerung meines Hausrates und natürlich meinen Mietausfall tragen. Ist ja logo. Auf dem Papier. Falls überhaupt noch einer was ausdruckt und ablegt. Eigentlich sind es nur virtuelle Seifenblasen, die im Cyberspace verpuffen.

Wir waren jetzt schon bei an die 30 000 Euro Schulden, die Scheidemantel bei mir hatte, da ich ja völlig unstrittig alle Verfahren gewonnen hatte. Gewappnet mit den über Jahre vorm Amtsgericht Nauen erstrittenen Titeln, ging es nunmehr um die Räumungstermine.

Ein Räumungstermin als solcher ist blanker und abstruser Hohn! Eine eins fünfundfünfzig kleine Mittzwanzigerin, Gerichtsvollzieherin mit sehr hoher Stimme, bestellt einen Möbelwagen für ein Mehrfamilienhaus. Daraufhin kommt ein sehr großer Transporter mit mehreren Helfern. Er fährt um sieben Uhr früh vor, dann frühstückt die Truppe und wartet die Verhandlung des Ordnungsamtes und der Gerichtsvollzieherin vor Ort ab. Dafür kriegt das Umzugsunternehmen Stundenlohn. Ein Leberwurstbrötchen schmeckt unter diesen Bedingungen sicher doppelt lecker. Während also der Besitzer uns einen mit kyrillischen Buchstaben bekrakelten Zettel vorlegt, in welchem angeblich steht, er habe das Objekt einer russischen Kanzlei aus Usbaikestaikakotschnwosibirsk vermietet, macht die beauftragte Beamtin einen Haken in das Feld des Räumungsauftrages unter dem Kästchen: Räumung abgebrochen. Sie verlässt das Anwesen und schreibt mir eine Rechnung über 2500 Euro für ihre hilfreichen Dienste. Einer Analphabetin gleich, muss sie nicht mal Näheres ausführen, sondern einfach nur Multiple-Choice-Kästchen abhaken.

In einem Protokoll geht sie dann zwar ins Detail, formuliert aber stets vage, ohne sich festzulegen oder konkrete Umstände zu benennen. Die allgemeine Situation habe eben nicht ausgereicht, um die anberaumte Räumung herbeizuführen, und sei höchstrichterlich erneut zu überprüfen. FUCK YOU!

Dann wird das Verfahren neu aufgerollt, wieder gehen sechs Monate sehr schnell ins Land. Es weihnachtet und schneit. Ein neuer Räumungstermin wird für den 22. Dezember anberaumt. Ich bitte darum, dieses Mal den Möbeltransporter erst zu bestellen, wenn klar ist, ob die Räumung vollzogen werden kann, da mich das Frühstück des Teams und seine Bereitstellung 900 Euro gekostet haben. Nein, das dürfe sie nicht, flötet die naive Gerichtsvollzieherin, es müsse von Amts wegen dem Besitzer die Gelegenheit gegeben werden, seine Habe zu seinem neuen Wohnsitz zu transportieren, ich könne mir die Kosten im Nachgang schließlich erstatten lassen. Theoretisch, versteht sich. Ist ja auch wurscht, es geht ja nicht um ihr Geld. Abwälzen auf andere, das ist die Hauptbeschäftigung dieser mir so fremden amtlich aufgestellten Dienstleisterin, die tagtäglich an fremde Türen klopft und Unheil bringt.

Dieses Mal wieder eine volle Straße vorm Haus mit Ordnungsamt, Anwälten, Gerichtsvollziehern. Alle von mir bezahlt. Herr Scheidemantel hat wieder einen Zettel vorbereitet, diesmal in kryptischen asiatischen Lettern. Er habe eine schwangere Lebenspartnerin in Macao/Asien, die zu ihm zöge. Sie bewohne das OG und zahle Miete. Wieder ein Häkchen in das Kästchen mit »Räumung abgebrochen«. Im Entree sind ein paar Hackenschuhe, ein BH und eine Damenhandtasche dramatisch dekoriert. Davon werden von der Gerichtsvollzieherin Polaroids erstellt, die beigeheftet werden. Schließlich ist dies amtlich verifizierbares Beweismaterial für eine Lebenspartnerin im Haus. Man muss nur einen BH über einen Küchenstuhl hängen, eine Packung Tampons in den Flur stellen, ein paar Nuttenschuhe in die Ecke pfeffern, schon hat man für den Kadi eine amtliche Lebenspartnerin hervorgezaubert. Und die kann gerade auf Weltumseglung sein oder eine Fehlgeburt nach der anderen erleiden, egal, die Papiere sind dann eben auf großer Fahrt ins Wasser gefallen. Ist alles legal, ist alles erlaubt. Verarscht euch nur schön gegenseitig, das ist die klare Message des Gesetzgebers.

Ehebruch ist ja auch erlaubt, und ob man da verheiratet ist oder nicht, das spielt keine Rolle. Tja, so schnell geht das, seinen amtlichen Status zu ändern, wenn man nur ein paar Requisiten verteilt und mit dem iPhone die minimale Dekoration dokumentiert. In der Verwaltung wird es heißen: Ach so, hier wohnt jemand. Ja, ist klar. Da liegt ja auch noch ein getragener Schlüpper. Stimmt also. Wieder eine Rechnung über 2500 Euro und ein früher Feierabend für alle Beteiligten.

Neues Verfahren angestrengt zur Klärung des Sachverhaltes. Scheidemantel muss mir als Klägerin gar nichts beweisen, denn er als Opfer wird schließlich aus seinem Anwesen vertrieben. *Ich* muss *ihm* beweisen, dass er lügt. Denn das Gericht gestattet jedem Beklagten, nach Lust und Laune zu lügen, und behält sich Spekulationen über die Glaubhaftigkeit des Beklagten eindeutig vor. Ein Gericht ist keine moralische Instanz. Der Bürger darf lügen, betrügen, fremdgehen, hintergehen, heimtückisch vorgehen, verschweigen, verdrehen, verleugnen und vergessen. Sich in diesem bunten À-la-carte-Menü zu bedienen steht ihm seitens des sprachlich begabten »Gesetzgebers« frei und ist rechtens.

Ist das nicht wundervoll? Es könnte schließlich sein, das Herr Sch. recht hat und ich eine haarige Hexe bin. Für genau diesen Fall beugt der Gesetzgeber vor und verlangt mir als Klägerin ab, Beweise zu liefern, anhand derer meine Zweifel ihre Berechtigung finden.

So gehen wieder viele Schriftsätze, verschobene Gerichtstermine, wegen Erkrankung abgesagte Gerichtstermine und Gerichtsferien, Gerichtskosten und Anwaltsrechnungen ins Land, bis es zum neuerlichen Räumungstermin kommt. Unvermögende Menschen wären an diesem Punkt schon ruiniert. Sie wären gar nicht in der Lage, sich zu wehren oder zu verteidigen. Familie, Freunde, Bekannte, Kollegen – sie alle zeigen mir den Vogel, verdrehen die Augen, zweifeln daran, ob ich überhaupt jemals ein Haus erworben habe. Vielleicht bin ich ja doch die Verrückte, die natürlich alles falsch gemacht hat, nichts hinkriegt und in Traumwelten lebt.

Ist ja auch kein Wunder, dass so eine keinen Mann abgekriegt hat. Wer hält es mit so einer schon aus? Der Hauskauf wird wahrscheinlich eine neuerliche fixe Idee gewesen sein, die sich jetzt als Schuss in den Ofen entpuppt. Wahrscheinlich alles eine Verzweiflungstat, um mich, die Fantastin, interessant zu machen und ins Gespräch zu bringen. Nicht der Rede wert. So der allgemeine Tenor hinter vorgehaltener Hand. Das ist ja überhaupt eines meiner größten Talente: intuitiv zu erahnen, was Leute denken, quatschen, tratschen und hinter meinem Rücken in Umlauf bringen. Ich habe Antennen, die transzendentale Informationen erspüren und abspeichern. Weiß vieles schon lange, bevor es passiert, meistens sechs Monate bis ein Jahr vorher, habe stets starke Vorahnungen und behalte am Ende immer geradezu erschreckend recht. Wahrscheinlich okkultes Naturheilwissen von meinen thüringischen und russischen Vorfahren, im kollektiven Unterbewusstsein auf dramatische Weise verankert.

Der anonyme Herr Gesetzgeber, die »Titel«, die Anwälte, das Ordnungsamt und der Herr Obergerichtsvollzieher, sie alle werden mir auch in Zukunft nicht helfen. Sie werden überhaupt keinem helfen. Sie dürfen nämlich nur dumm rumstehen und wichtig dreinschauen. Hingegen dürfen sie von Rechts wegen niemanden zwingen, anfassen, bedrohen oder nötigen. Sie dürfen nur bitten. Höflichst. Mit den Akten unterm Arm. Auf die dürfen sie verweisen. Mehr nicht. In Deutschland wird prinzipiell niemand auf die Straße gesetzt. Ich weiß gar nicht, warum Menschen noch Miete zahlen. Man wird sie aus ihren Wohnungen nicht entfernen dürfen, solange sie widersprechen. Solange bleibt der Vorgang in der Schwebe. Man kann das mit ein bisschen Finesse auf einen Zeitraum von sieben bis zehn Jahren ausdehnen, damit ist doch schon mal jede Menge Miete eingespart. Mit Kindern ist schon gar nichts zu befürchten. Ist es nicht ein fabelhaftes Paradies bei uns in deutschen Landen? Nur die Post, die Zustellbescheide ignorieren, das darf man nicht. Solange man auf Titel, Räumungsbefehle, Zwangsräumung durch Einspruch und absurde Abwehr reagiert, ist alles im grünen Bereich. Der Vorgang geht weiter, man beschäftigt die Ämter und erhält damit Arbeitsplätze. Auf diese Weise bildet man ein unverzichtbares Element unseres Sozialstaates. Alles andere wäre unproduktiv.

Als Profi kriegt man die Post erst gar nicht. Wer richtig clever ist, vermeidet, dass ihm der Gerichtsvollzieher überhaupt jemals etwas zustellen kann. Es gilt nur die amtlich beglaubigte Zustellung. Mobile, polyglott flexible Menschen, die viel unterwegs sind, erreicht man nun mal nicht. Schon gar nicht, wenn sie auf einer sonnigen Insel ihren Wohnsitz haben und dort Hartz IV beziehen. Wir dürfen leben, wo wir wollen. Auch auf Schiffen. Wer es geschafft hat, zieht sich auf seine Jacht zurück. Damit ist man frei wie ein Vogel und wechselt den Rechtsraum nach Bedarf. Wer nicht so privilegiert ist, erhält aber auch Freiräume: Wir müssen nämlich nur Briefe beantworten, die wir auch amtlich zugestellt bekommen haben. Per E-Mail gilt nicht. Da darf uns keiner belästigen. Obwohl man ja beliebig viele Adressen nutzen darf, natürlich vorzugsweise unter Fake-Profilen. Es sind wirklich goldene Zeiten angebrochen für Menschen, die parallel ein Doppelleben und mehrere Identitäten aufbauen.

Äußerst luxuriös ist es allerdings, komplett abzutauchen und überhaupt keine E-Mail-Adresse zu haben. Nichts online konsumieren, buchen oder bestellen, keine Spuren hinterlassen, alles bar bezahlen und zu irgendeinem Mann oder einer Frau ziehen. Dann wird alles gut. Amtlich gesehen ein Leben im Paradies.

In der Tat bietet der »Gesetzgeber« gnädig viele Optionen an: Nur eine gute Lüge braucht es, irgendein bekrakeltes Papier, vorzugsweise in einer fremden, unleserlichen Schrift, und schon kann eine Kanzlei im fernen Thailand als Mieter, eine schwangere Geliebte aus dem Orient oder der Ukraine ihre wundersame Magie entfalten, welche die Bürokratie und das Gesetz in die Knie zwingt.

Da erntet man als Betroffener nur ein Achselzucken bei den Ordnungsdienern. Und während die Justiz achselzuckend erneut einen frühen Feierabend protokollierte, Madame La Nick kopfschüttelnd beim nächstbesten Chinesen einkehrte, um sich mit Glutamat zu betäuben, ging Herr Scheidemantel pfeifend ins Haus und machte sich erst mal eine schöne Tasse Kaffee.

Beim dritten Räumungstermin hatte ich dann allerdings auf eigene Faust Verstärkung angefordert. Ein paar ordentliche Türsteher aus dem Berliner Nachtleben haben im Haus mal eben von oben nach unten die Türschlösser ausgewechselt und schon mal angefangen, beim Ausräumen zu helfen, während auf der Straße mit Papieren herumgewedelt und endlos palavert wurde. Kein Obrigkeitsvertreter hat die Räumung herbeigeführt. Das haben meine Kumpels erledigt. Sie haben alles fein säuberlich vor die Tür auf die Straße gestellt. Bis an den Möbelwagen getragen. Schließlich hatte ich ihn ja gemietet. Gut, es hat ein Weilchen gedauert, bis alles entrümpelt und der Messiehaushalt entsorgt war, aber von den Herrschaften, die ich bezahlt habe, hat keiner einen Handschlag getan. Sie haben nur auf der Straße rumgestanden und auf einem Zettel eingetragen, dass das Objekt nun geräumt sei. Und dann hat man mir wieder eine Rechnung geschickt. Ich frage mich bloß, wofür?

Die Erstattung meiner Auslagen steht mir bis heute vollumfänglich durch Scheidemantel zu. Dürften an die 60 000 Euro sein. Herr Sch. hat »im Nachgang« den Offenbarungseid geleistet. Er ist angeblich zu einer Frau gezogen. Die wird sich gefreut haben, dass jemand da ist, den sie bemuttern kann und der von ihr abhängig ist. Dann kann er nicht so schnell weglaufen. Ein Konto wird er auch nicht haben dürfen. Aber dann leistet er eben »Nachbarschaftshilfe« oder geht Kollegen zur Hand. Laubharken und Hausmeisterdienste sind im Umland immer gefragt. Oder er betätigt sich als Hausmann bei seiner neuen Partnerin. Baut Fake-Identitäten in Internetportalen auf und ist als unabhängiger Traummann auf Pirsch. Aber die Neue wird schon aufpassen, dass es Scheidemantel gut hat. Denn was taugt das Leben schon, wenn man allein ist?

Die »Titel« in meinem Schrank sind nichts weiter wert als das Papier, auf dem sie gedruckt sind. Alle paar Jahre darf ich abfragen, ob Herr Scheidemantel nun zahlungsfähig ist und ein Einkommen generiert. Diese Auskunft hat eine Kostennote zur Folge. Der Rechtsanwalt will ja auch leben.

Sobald ich Briefe öffne, die mit »Leider« beginnen, lese ich prinzipiell nicht weiter, sondern ich zerreiße sie.

Sechzigtausend. 120 000 netto. Drauf geschissen.

11 Ich und meine Maurerkelle

Ich frage mich, wieso man in diesen Werbeblättern vom Baumarkt immer nur sieht, wie der Mann auf allen vieren die Fliesen verlegt. Den Estrich aufbereitet. Mit der Flex hantiert. Mit Leichtigkeit Löcher in eine Ytong-Wand bohrt. Die Erdungskabel verlegt. Wieso macht die Gleichberechtigung halt, wenn es um die Sanierung eines Objektes geht? Wann hat man Baustellen zur frauenfreien Zone erklärt? Und das alles trotz der schönen Frauenevents im Baumarkt? Wir sprachen schon darüber … Wenn es Architektinnen gibt, sollten doch auch Overalls und Bauhelme für die Ladies zur Verfügung stehen. Oder wagt es wirklich jemand, in unserer emanzipierten Gesellschaft die These zu vertreten, als Frau habe man am Bau nichts verloren?

Ich zum Beispiel habe mir mein Expertentum im Alleingang erworben. Ich weiß, dass ich einen zuverlässigen besten Freund an dem Tag gefunden habe, als ich mir eine Bohrmaschine kaufte. Warum eigentlich ist *die Flex* weiblich? Wahrscheinlich weil sie glitzernde Lamettafunken sprüht, wenn man sie in Gang setzt, weil man dazu eine schicke Schweißerbrille wie beim Skifahren aufsetzen muss und in dieser Montur einfach scharf aussieht. Die Flex! Die eine, meine Maschine also. Cool!

Man stemmt eine Art Maschinengewehr mit einem Arm und kann damit praktisch auf jeden Kerl am Bau locker losgehen, um sich Respekt zu verschaffen. Kaufen Sie sich einfach einen schweren Kaventsmann, er erfüllt ähnliche Funktionen wie eine Flinte. Solange eine Steckdose in der Nähe ist, sind Sie sicher und armiert.

Die Bohrmaschine also, weiblich, ist eine Waffe von überzeugend vielversprechenden Proportionen. Man kann den gigantischen Riesenapparat als Schlagbohrer einsetzen, Löcher in die Wand drillen und auch damit meißeln. Man muss das Ding nur anheben und halten können. Mein großer Bohrer wiegt acht Kilo. Das Teil hochzustemmen und in Position zu bringen ist schon mal ein Akt gewaltigen Ausmaßes. Wenn ich dabei Stilettos trage, verlagert sich mein Gleichgewicht automatisch nach vorne und ich kann – wahrscheinlich mit dem Gesäßmuskel als Gegengewicht – einfach besser die Balance halten.

Wenn man vor der Brust plötzlich so ein Riesenpaket stemmt und hinten nicht auf ein entsprechendes Gegenelement bauen kann, wie zum Beispiel einen fetten Arsch, dann würde man vornüberkippen. Besonders gefährdet sind hier Ladies mit Doppel-D-Brustimplantaten. Statisch gesehen könnte sich eine Barbiepuppe niemals aufrecht halten, somit sollte man gewappnet sein und entsprechend Ausgleich schaffen. Hackenschuhe sind hier die beste Lösung.

Anfangs sollten Sie allerdings im Sitzen bohren. Schieben Sie eine Leiter auf die Sollhöhe ihres großen Kristallspiegels, den Sie beispielsweise im Bad montieren wollen. Am besten ist, Sie besorgen sich eine Serie unterschiedlicher Leitern, sodass Sie alle Varianten austesten können. Trittchen in verschiedenen Höhen kann man im Haushalt immer gut gebrauchen. Nun markieren Sie mit einem Lippenstift einen kleinen Fleck zwischen den Fugen der Wandfliesen, holen sich ein bequem plüschiges Sitzkissen und tragen für die ganze Aktion am besten ein Paillettenkleid mit Schlitz. Dies hat sich als unübertroffen praktische Arbeitskleidung entpuppt: Durch die zwei seitlichen Schlitze kann man bequem die Beine grätschen und auch mal beim Bohren ein Bein hochgestemmt aufstellen, um sich am Knie abzustützen, und Paillettenkleider sind im Gegensatz zu anderen Materialien abwaschbar. Jeder verschmutzte und verschmierte Overall muss nach seinem Einsatz gewaschen werden. Nicht so das Paillettenkleid. Es genügt, das Paillettenkleid auf der Terrasse auszuschütteln und hernach mit Feuchttüchern abzuwischen, weil Staub, Dreck, Schmutz und Mörtelpartikel einfach vom Plastik abperlen, anstatt wie beim Overall tief in das Gewebe einzudringen. Die Plastikpailletten sind in der Regel aus feuerfestem Material, sodass auch Funken oder explosive Materialien abgewehrt werden. Auch gegen Farbspritzer, Feuchtigkeit und Nässe bietet ein Paillettenkleid den besten Schutz.

Ein weiterer nützlicher Profitipp für die Frau am Bau besteht darin, auf der höchstmöglichen Dezibelstufe Electro-, House- und Technomusik laufen zu lassen, damit diese den Riesenschlagbohrer übertönt. Sonst fliegt Ihnen nämlich das Hirn weg. Es ist wie beim Schießen: Der Bohrer verursacht einen massiven Rückstoß. Wir kennen das aus dem ICE. Wenn der bremst und man sitzt entgegen der Fahrtrichtung, wird man von der Zentrifugalkraft nach vorne gepresst. Ich kenne mich da aus, weil ich jahrelang bei VW als Crashtestdummy gearbeitet habe.

Wenn Sie nun also gut gepolstert auf der Leiter Platz genommen haben, die Beine weit auseinander jeweils rechts und links aufgestellt und den Bohrer über ihr Dekolleté gewuchtet haben, nehmen Sie die Fernbedienung und schalten die Beats ein. Dann wissen auch die Nachbarn, es geht wieder los und sie können schon mal die Notfallrufnummern der örtlichen Sanitäter downloaden. Niemals gleich den Bohrer auf das Loch aufsetzen und das Gerät einschalten. Der Rückstoß würde bei den Kräften, die hier vor ihrer Brust bewegt werden, eine solche Unwucht verursachen, dass Sie mitsamt der Leiter seitlich weggesprengt und folglich umkippen würden, womöglich mit dem Hinterkopf auf der Kante Ihrer Marmorbadewanne aufschlagen und – o Graus – am Ende tatsächlich Ihre schöne Frisur zerstört hätten.

Jedem Profi am Bau dürfte geläufig sein, dass ein Einschalten des Riesenbohrers in direktem Zusammenhang mit der Erhöhung Ihrer Herzfrequenz steht. Das Ding einzuschalten ist eine richtig schlimme Sache. Jedes Mal fühlt es sich an, als hörte mein Herz auf zu schlagen, und alles an mir – Ohrläppchen, Brüste, Hüftspeck,

Gesäßfalte, die Pausbäckchen, das Doppelkinn, die Tränensäcke – alles fängt an zu vibrieren. Das hat fast schon was von Powerfitness. Als würde man in einer Rakete zum Mond geschossen oder sich willenlos der Fliehkraft überlassen.

Üben Sie am besten erst mal am Boden. Stemmen Sie irgendwelche sinnlosen Steine weg. Wann im Leben hat man schon die Möglichkeit, zerstörerisch wie in einem Hollywoodblockbuster mit einem Riesenbohrer in der Hand Amok zu laufen?

Wenn Sie dazu Ihre besten Freundinnen und ein paar untervögelte, gut gebaute Kerle einladen, macht das richtig Laune. Beim Bauen geht es um Kraft und Geld. Wenn beides fehlt, brauchen Sie gar nicht anzufangen. Deshalb sollten Sie in dem Moment, wo das Objekt endlich frei wird und Sie der neue Besitzer sind, Ihre besten Kumpels, alle schwulen Freunde und die polnische Bauarbeitermafia unter dreißig einladen, ein Grillfest geben und ordentlich die Korken knallen lassen. Die Homos werden visualisieren können, wie schön eines Tages alles aussehen wird, und als berufene Dekorateure und Inneneinrichter den Tag nutzen, um die Vorher-Fotos zu schießen. Außerdem animieren sie die polnischen Bauarbeiter dazu, die Muskeln spielen zu lassen. Achten Sie bei den bereitwilligen Helfern, die sie umgeben, immer darauf, dass die Kerle Reibeisenhände wie Schaufeln haben. Genauso wie ein Topmodel mager sein muss, eine Ballerina verkrüppelte Füße haben sollte, so sind die Neandertalerhände beim Bauarbeiter Ehrensache. Sie müssen viele Steine geschleppt und am besten auch an der Sollbruchstelle mit einem harten Handkantenschlag Ziegel zerteilt haben, um zu tauglichen Werkzeugen zu werden.

Was bei Prüfung der Terminplanung Ihres Personals auch sehr wichtig ist: Ihre Bauarbeiter nicht in den Wintermonaten tätig werden lassen, sondern im Sommer. Sie können davon ausgehen, dass die Kerle beim schweißtreibenden Isolieranstrich aus Bitumen an den Kelleraußenwänden, bei Maurerarbeiten und dem Verlegen der Fußbodenheizung, ja auch beim Aufbringen des Betonfundaments in kurzen und knappen Shorts antreten werden, um sich ab zwölf Uhr das T Shirt vom Leib zu reißen und es als Schweißband um den Kopf zu binden. Wann kann man in aller Ruhe und aus nächster Nähe mal wieder eine solche Fülle an Sixpacks bestaunen, teilweise sogar Eightpacks, die nämlich in der Leistengegend vom Bauch einen fließenden Übergang zu den Lenden bilden. Das Sonnenlicht wird sich auf dem schweißüberzogenen Körper spiegeln, und innerhalb weniger Tage erhalten die meist blassen polnischen Bauarbeiter eine ebenmäßige, sandgestrahlte Latte-macchiato-Hautfarbe. Für das Geld, was einem aus den Rippen geleiert wird, und für die vielen Verarschungen in den Kostenvoranschlägen wird man ja wohl einen Blick riskieren dürfen. Ich habe sogar aussagekräftige Fotos gemacht! Es waren *meine* Bauarbeiter, und ich habe sie bezahlt. Am schönsten waren die Tage, an denen ich meine Korbmöbel auf die Terrasse gestellt habe, einen Eiskaffee vorbereitet habe und den schuftenden Jungs beim Arbeiten zugesehen habe. Sie waren oben ohne, und ich habe ihnen nach einer Weile des Steineschleppens Eistee verabreicht. Kaffee gab es sowieso immer gratis. Meinem liebsten Toyboy, der ein sehr hübsches Gesicht wie ein Balletttänzer aus dem Ostblock hatte, habe ich immer mal einen Fuffi zugesteckt.

Die körperliche Arbeit der Bauarbeiter vor Ort hat einerseits Stressabbau und andererseits Muskelaufbau zur Folge, daher sind Bauarbeiter in der Regel handfeste, bodenständige und freundliche Menschen, die sich über ein Wurstbrot, einen saftigen Pflaumenkuchen oder eine deftige Linsensuppe wahnsinnig freuen. Bei diesen überraschenden Mahlzeiten empfiehlt es sich auch, das Fachwissen Ihres Personals anzutesten.

Denn so kräftig und patent Ihre Maurer auch mit Mörtel und Kelle umgehen, unterschätzen Sie niemals, was sie im Hirn haben. Für mich sind Bauarbeiter alle nobelpreisverdächtige Mathematiker, denn sie können berechnen, wie viele Stufen eine Treppe bei einer Schräge von soundsoviel Prozent auf einer Länge von soundsovielen Metern haben muss. Ist das nicht genial? Bau mal eine Treppe… wie viele Stufen müssen es sein, wie breit sollen die einzelnen Trittflächen sein, wie hoch ist die Setzstufe, wie steil ist die Treppe insgesamt, da musst du aber richtig rechnen können! Oder eine Terrasse mit Klinkern auslegen, am besten im römischen Verbund: auweia! Die Bodenplatten nebst Fugenberechnung wie auf dem Reißbrett ermitteln und wehe, wenn was schief ist.

Na ja, gut, Ihr Fliesenleger wird es am schwersten haben, denn der Maurer hat immer einen Vorteil: Ist die Wand schief, dann bessert es der Nächste aus. Die letzten in der Reihe sind die Fliesenleger und Fenstermonteure, die müssen das Schiefe dann ausgleichen und gerade machen. Aber dann haben die sich schon an Sie gewöhnt, und wenn Sie Ihre Bauarbeitertruppe bei Laune gehalten haben, dann arbeiten die auch am Wochenende und machen Überstunden. Sie können ja auch mal im kurzen Jeansrock und mit einem Minitop ohne BH vornübergebeugt ein bisschen Unkraut jäten, was meinen Sie, wie dann der Zeitplan wieder flutscht und die Moral am Arbeitsplatz steigt. Das gehört einfach dazu, dass man mal morgens im Negligé die Tür öffnet oder nur mit einem Handtuch bedeckt frisch geduscht aus dem Fenster winkt.

Wenn sich Ihre Truppe erst mal eingelebt hat und zutraulich geworden ist wie ein zahmes Eichhörnchen, dann starten Sie am besten Aktionen wie das Aufhängen schwerer Spiegel mit dem Schlagbohrer. Es geht ums Timing. Man wird Ihnen Unterstützung anbieten, wenn Sie kein Arschloch sind und Respekt für harte körperliche Arbeit zeigen.

In dem tosenden Lärm, den sie verursacht haben, drillen Sie einfach in die Fuge, dass die Wände wackeln. Die polnischen Bauarbeiter werden garantiert einen Blick auf das Geschehen werfen, aus Sorge, dass Sie die bereits geleistete Arbeit durch dumme Fehler zunichtemachen. Wenn also der Bauarbeiter in den ausgefransten Shorts und mit nacktem Oberkörper in Ihrem Bad erscheint, dann sagen Sie: »Haste Diebel?« Das Ü als Buchstabe ist ein Umlaut, der für Polnischsprachige nicht zu bewältigen ist, deshalb bauen Sie diplomatischerweise eine Brücke und wählen eine verständliche Terminologie. Schnell wird das Personal in polnischer

Sprache einen Kumpel herbeirufen, der mit einem Sortiment aller Dübelvarianten erscheint, um nicht nur Hilfe anzubieten, sondern den großen, schweren Kristallspiegel gleich selbst zu montieren. Klar klappt das nebenbei, denn Sie wissen doch, was in Ihren Jungs steckt, haben mit eigenen Augen gesehen, wie diese mit den großen Betonmischern einst die Fundamente ausgegossen und mit einer riesigen Pumpe den flüssigen Beton auf Ihrem Grundstück verteilt haben. Und kaum dass dieses eingetrocknet war, ging es auch schon mit der Kellerbodenplatte weiter, wofür erst mal Eisenmatten auf dem Boden verteilt worden sind. Meine Güte, was war das für ein Spektakel, als mit einem gigantischen, langen Sattelschlepper die Paletten mit den Steinen angeliefert worden sind. Der Lkw hatte sogar einen fest montierten Kran als Aufsatz und hat damit die Steine zielsicher an die richtige Stelle gebracht. Da wird doch wohl einer der Buben mal einen Kristallspiegel aufhängen können?

Es ist auch ganz wichtig, dass Sie immer alles inspizieren und die einzelnen Zwischenschritte der Sanierung abnehmen. Sie müssen dann Fragen stellen wie: »Ist denn in der Betondecke auch ein Loch, damit die Wasserleitungen da durchkönnen, die im Haus alle so von unten nach oben verlaufen?« Man sollte auch immer ein paar Vokabeln parat haben, um Fachwissen vorzutäuschen. Fragen Sie, während Sie in *Schöner Wohnen, House and Garden* und ähnlichen Journalen blättern, beiläufig nach Fugenmasse, schwimmendem Estrich, Isolierwolle, Schlauchwaage, Dämmmaterialien, Meterrissen, Abriebfaktoren und Kondenswasser. Denn woran Sie arbeiten, ist die Umsetzung Ihres persönlichen Lebenstraumes, und da muss man schon ein wenig Fachterminologie einbringen, um dann bei der Einweihungsparty mit Erfahrung glänzen zu können.

Den Urlaub in der Sanierungsphase würde ich auf jeden Fall planen, wenn Wasserspeicher, Gastherme und Heizungsanlage installiert werden. Heizungsinstallateure werden wochen- und monatelang Etage für Etage durch die Baustelle geistern und unter dem Putz die Rohre legen, die die Wärme transportieren. Meistens arbeiten diese Spezialisten im Liegen, denn Heizungen sind in den Boden montiert, und dafür muss wieder viel gebohrt werden. Außerdem sind die Heizkörper schwer und werden durch die Etagen gewuchtet. Wer das meistert, erwirbt sich auf diese Weise eben eine gut definierte Rücken- und Bauchmuskulatur. Sie würden sowieso nur im Wege rumstehen, wenn es um die Installationsarbeiten geht. Klinken Sie sich lieber wieder ein, wenn es um die Decken und die Böden geht.

Das spiegelt sich ja meistens, also wenn ein Raum 80 Quadratmeter Boden hat, wird er auch 80 Quadratmeter Decke haben, außer im Giebel oder Spitzbodendachgeschoss. Da werden Sie also mit Paneelen, Brettern, Deckenplatten, Gips, Stuckleisten, Holzvertäfelungen, Bodenfliesen, Laminaten oder Parkett zu tun bekommen und natürlich auch mit den entsprechenden Lasuren. Die Materialien sind das A und O, denn derartige Dinge lassen sich nie wieder korrigieren. Ein Wandanstrich oder eine Tapete, die Ihnen nicht mehr gefällt, kann man schnell mal austauschen oder korrigieren, aber der Boden? Das hieße alles wieder aufzustemmen und auf Anfang zu gehen, nein, einen solchen Fehler darf man sich nicht erlauben. Deshalb habe ich mir alle Holzarten gründlichst in unterschiedlichem Licht angesehen und beobachtet, wie sie sich unter Lichteinfall verändern. Unbehandeltes Holz wird nämlich vergilben, deshalb ist der transparente Lasuranstrich so wichtig. Bevor ich überhaupt eine Entscheidung hinsichtlich der Hölzer getroffen habe, war ich Stammgast in allen Holzfachmärkten und habe mir Musterproben ausgeliehen. Diese Bretter, kurz und lang, habe ich in mein Schlafzimmer geschleppt, dort ein Gerüst aus Böcken aufgebaut, die Paneelbretter mit Lasur versehen und tagelang trocknen lassen. Dann wurden die Bretter umgedreht und von der anderen Seite lackiert. Warum? Weil sie sich verziehen, wenn sie nur einseitig lackiert werden, und weil dies dazu führt, dass es später knarren und knarzen wird. Die Aktion dient dazu, handwerklich eine gemeinsame Basis für das gute

Arbeitsverhältnis mit den Bauarbeitern zu etablieren. Die Jungs müssen ganz persönlich erleben, wie man Hand anlegt, Drecksarbeit nicht scheut, ein paar Farbspritzer abbekommt, strähnige Haare aus dem Gesicht streicht und keine allzu dummen Fragen raushaut, sondern sogar logische Erfahrungswerte sowie Sachkenntnis unter Beweis stellt.

Genauso der Bitumenisolierungsanstrich. Drei Mal muss die klebrige, schmierige Masse aufgebracht werden, um das Fundament gegen die Feuchtigkeit zu isolieren. Es ist sehr verbreitet, nur ein oder zwei Mal diese Sauerei mit der teerähnlichen Masse zu verrichten und auf der Rechnung drei Anstriche zu veranschlagen. An diesen Tagen, wo es also gilt, die einzelnen Arbeitsschritte zu kontrollieren, müssen Sie sich unbedingt blicken lassen. Ich hatte mir im Schlafzimmer mit den Rammböcken und den langen Latten, die ich immer feucht eingestrichen habe, eine Art Büro installiert. Dort lagerte ich Kataloge, Moodboards, Testanstriche bestimmter Wandfarben, Tapetenmuster, Inspirationen aus Wohnzeitschriften, damit der Trupp sieht: Hier ist jemand mit Herz und Leidenschaft bei der Sache und weiß ganz genau, worauf er hinauswill. Geben Sie sich als besessen zu erkennen. Tauchen Sie mit frischen Brötchen früh um halb sieben am Bau auf. Seien Sie die Letzte, wenn es dunkel wird. Legen Sie einen Schlafsack aus und übernachten Sie in einem Haus ohne Strom und Wasser. Es sind Initiationsriten, mit denen Sie Ihr Terrain markieren und signalisieren, wer der Herr im Haus ist: die junge blonde Frau mit dem Scheckbuch in der Hand.

Man muss Entschlossenheit an den Tag legen, und das beginnt schon bei der Entkernung. Einer der größten Posten meiner Sanierung war die Entrümpelung und der Abriss. Da werden heute an die drei Container aufs Gelände gehievt, für den Bauschutt, das Asbest und den Metallschrott, und mit riesigen Zangen wird das ganze Haus auseinandergenommen, wie bei King Kong, der am kleinen Finger eine Badewanne baumeln lässt. Wie herrlich, mal

ordentlich Platz für den Müll zu haben. Eine regelrechte Giganto-
manie brach aus: Sauna rausgerissen, Whirlpool, Jacuzzis, eine
Bastelwerkstatt mit Tausenden von Schrauben und verrosteten
Nägeln aller Sorten, Schrott aus sechs Jahrzehnten, Hinterlassen-
schaften, die als Ausstattung zahlreiche Historienfilme bestückt
hätten, alles verkeimt, verstaubt, verklebt, vergammelt, vermodert.
Einbauschränke, Bäder, Küchen, Waschmaschinen, Kühlschränke,
verschimmelte Tiefkühltruhen, einfach aus den Angeln gehoben
und wie Fliegendreck in die Container plumpsen lassen. Das war
nun mein Eigentum, mein Besitz: der gesamte Schrott im Wert
eines Mittelklassewagens, der entsorgt werden musste und die
halbe Straße blockierte. Trennt euch von dem Scheiß, der euren
Kanal blockiert, kann ich nur empfehlen – solange es keine Antiquitäten sind, hat der Mist keinen Wert. Was einst billig war, bleibt
auch billig. Nur was von Haus aus wertvoll war, wird wertvoll
bleiben.

Und klar dürfte sein: Wer das Haus saniert, der zerstört den
Garten. Dieser wird während der Sanierungsphase einem Bauab-
fallhaufen gleichen und, anstatt konzipiert zu werden, nur den
Zweck erfüllen, kaputte Steine, Baumaterialien, Bretter, Balken
und schwere Maschinen zu beherbergen.

Der bei der Ausschachtung meines Kellers weggebaggerte Mutterboden, der in Hügeln brachlag und mit Unkraut überwuchert
war, ließ die ganze Baustelle einem Kriegsschauplatz gleichen. Wie
soll man gegen dieses Chaos jemals ankommen? Helfen konnte
ich nicht, denn der gemietete Bagger, der auf dem Anwesen stand
und sich amortisieren sollte, hatte leider kein Lenkrad. Zu gerne
wäre ich zur Hand gegangen und hätte mich nützlich gemacht,
aber da stellte ich fest, dass Bagger nur Knüppel haben, wie ein
Joystick, den man in alle Richtungen bewegen kann, um vor und
zurück zu fahren, und einen Knüppel, mit dem sich die Schaufel
heben und senken lässt. Einmal am Schlüssel gedreht, dachte ich
sofort, und der Bagger kippt um. Nein, Automobile ohne Lenker
sind mir nicht geheuer.

Ich bin aber jeden Sonntag rausgefahren, um meinen Bagger zu streicheln, und habe aus Lethargie über den Baustillstand eigenhändig begonnen, den Schutt zu sortieren. Am besten beim Holz anfangen, sagte ich mir. Immer jedes Brett schön einzeln von Nägeln befreien, auf ein handliches Maß sägen, in der Garage an der Wand stapeln und die richtig guten Dielen und das alte Fachwerk, die urigen Balken beiseiteschaffen, um sie für das spätere Bauvorhaben zu nutzen. Alles in allem eine Szenerie weitab von allem, was ich mir als romantisches Landhausidyll erträumt hatte. Und wenn das alles erst von Schnee und Eis überzogen ist, glaubt man wirklich, dass der Traum, den man hatte, nur den Zweck hat zu implodieren.

Deshalb ist es unerlässlich, dass Sie einen Architekten und Bauleiter haben, die kooperieren und auf die man sich verlassen kann. Für die Heinrichshöhe habe ich gleich mal einen Nachfahren der Erbauer verpflichtet: Prinz Ferdinand von Hohenzollern. Auf diese Weise, dachte ich mir, kann das Karma, die Legende eines Objekts und Anwesens nur gut sein, knüpfte ich doch da an, wo alles begonnen hatte.

Auch wenn ich nicht die geringste Fähigkeit habe, abstrakte Architektenpläne zu lesen und zu interpretieren, war es das Allerschönste, in die Planungsphase zu gehen und die Bauaufsichtsbehörde zu bezirzen. Da macht es sich gut, wenn man riesige Vermessungspläne dreht und wendet und viele Papiere vorweisen kann, die ein Amtssiegel tragen. Landvermessung, Statikergutachten, Grünflächenamtsbescheide, Grundbuchblätter – wichtig, wichtig, wichtig. Denn wo wir vorsprechen, das ist nicht etwa bei einem Beamten, sondern beim Master of the Universe mit unbeschränkter Entscheidungsbefugnis. Da sollte man sich auch ganz genau überlegen, was man anzieht! Nur mit gesundem Humor und intakter Kleidung lässt sich dieses Elend meistern. Ich bin zwar Laie, aber so wahr ich hier vor dem Bauamt stehe, bin ich auch die Herrin! Bauherrin und Laiin zugleich. Eine Laiin, die die Steckdosen verteilen darf, über Fensterbänke entscheidet, den Steinmetz auswählt und das Kupfer für die Regenrinne bestellt. Da zahlt es sich aus, wenn man sich aufs Flirten versteht, auch wenn das Gegenüber so gar nicht der bevorzugte Typ Mann ist. Man muss die Jungs am Bauamt einfach einladen, und zwar zu einem flotten Ritt auf dem Amtsschimmel. Und wer den von mir haben will, dem gebe ich ordentlich die Sporen. Die beste Garderobe dafür sind Reiterhosen, ein enges Jackett und Schaftstiefel. Auch wer nicht unbedingt die Sprache der Mode spricht, wird unbewusst begreifen, welches Stündchen geschlagen hat.

Die Baugenehmigung, die man nach circa sechs Monaten des Galopps mit dem staubigen Schimmel über Stock und Stein erhält, kostet 1 000 Euro. Dafür, dass man den blauen Amtsstempel erhält, ohne den man nicht bauen darf. Wozu zahlt man eigentlich Steuern? Aber das Schöne ist, dass mein Traumhaus meine Mission war. Und deshalb hat es geklappt: Ohne die nötige Portion Leidenschaft und Wahnsinn hätte ich eine abgerockte Ostbuchte niemals in ein Palais verwandeln können. Als Laiin wohlgemerkt. Ja, dass es geklappt hat und alles glattgegangen ist, das ist ein Wunder! Allen Erwartungen und allen Unkenrufen zum Trotz habe ich gezaubert.

Und Magierinnen entfalten ihre Macht am besten im Paillettenkleid. Auch am Bau! Versuchen Sie es mal!

12 Mähen für die Männlichkeit – säen für die Weiblichkeit

Gärten sind Metaphern des Lebens! Ja, ich möchte graben, jäten, zupfen, rupfen, harken, rechen und säen, denn es lockt mich, mir mein eigenes Arkadien zu erschaffen.

Der größte Luxus daran ist der Zeitaufwand – gepaart natürlich mit einer gigantischen Liebe zur Sache. Wehe Knochen und Blasen an den Händen, schwitzend wie ein Schwein, wenn man in den Rosenbeeten arbeitet oder die Hecken stutzt … Dennoch schwelgt und schwärmt man wie eine Verliebte, wenn man Gleichgesinnten von den neuesten Erfolgen der sich rankenden Kletterrosen berichtet – wahrscheinlich vergeblich bemüht, vor dem inneren Auge seines Gegenübers einen Mythos zu erwecken. Einen hausgemachten Mythos.

Am schönsten ist es für mich, im Sommer in der Morgenkühle zum Ernten ins Erdbeerfeld zu gehen. Für ein paar Stunden wird die Welt nur aus Schweigen bestehen, und ich knie inmitten der süßesten, prallsten Früchte – kostenfrei. Dieses Erleben des Schlemmens im Paradies, ohne Eintritt bezahlen zu müssen, sich satt zu essen, ohne dass am Ende die Kasse klingelt, das ist doch der fulminanteste Spaß, den man haben kann. Der Zauber einer Liebe zum Gärtnern wird sich niemandem erschließen, dem diese Passion fremd ist. Es ist wie mit Glaubensfragen! Glauben ist das Gegenteil von Wissen, und daher wird das Geheimnis des Glaubens sich nur jenen Menschen offenbaren, welche die religiöse Wahrheit zulassen – eben indem sie glauben, ohne zu wissen. Ohne Liebe zur Musik wird auch die Melancholie einer Sonate kaum unser Herz rühren können.

Ist es nicht wunderbar, dass die schönsten Dinge des Lebens für Geld nicht zu haben sind?

Die Liebe zum Garten setzt neben einer Menge Zeit eigenen Boden, das eigene Fleckchen Grund voraus. Ist man einmal angefixt, wird man zum Garten eine Beziehung wie zu einem eigenständigen Wesen aufbauen und feststellen, dass Mutter Natur eine Diva mit Kapriolen ist: verdammt zickig und unberechenbar. Macht das Werk einer ganzen Saison gerne mal zunichte, wenn die Regengüsse den Schlamm im Rosenbeet samt Wurzeln wegschwemmen.

Die Natur in Schach zu halten setzt Fingerspitzengefühl voraus – die Freude und der Lohn des Gärtners gereicht zum Lebensquell.

Ich liebe meinen Garten und bin durch ihn gefeit gegen alles, was da kommen mag: Stress, Langeweile, Niederlagen, Hektik, Hoffnungslosigkeit. Mit einem Garten zu leben bedeutet, mit Verlust, Dahinwelken und Neubeginn zu jonglieren. Schöpferisches Tun im eigenen Refugium – so was ist eine Lebensaufgabe. Wohl dem, der sich an seinen eigenen Ort voller Schönheit zurückziehen kann, mag er auch noch so begrenzt sein.

»Eingefriedet« ist ein schönes Wort. Friedvolle Ruhe auf diesem einen, begrenzten Stück Erde voller Harmonie, etwas, was uns keiner nehmen kann. Wer in Bildern denkt, muss Gärten lieben. Ich denke in Bildern, hatte aber bislang nicht mal einen Balkon, der wenigstens von einer mickrigen Akelei umschlungen worden wäre. Keinen einzigen Kasten mit robuster Fetter Henne auf dem Fensterbrett – gar nichts.

Und nun das! Ein Haus, kein Kerl und Tausende Quadratmeter Katastrophe rund ums Anwesen. Da ist man als emanzipierte Frau einfach die Verliererin. Wo sind bitte schön die Emanzen in ihren lila Latzhosen, die mir Steine schleppen, Treppen bauen, dreißig Kubikmeter Schrott abfahren, Wurzelwerk einebnen, Bäume fällen, Holz hacken und es stapeln, Wege anlegen, Zäune setzen und Mauern errichten?

Erzählt mir bitte nicht, das habe was mit Gleichberechtigung zu tun – wir Weiber schaffen es einfach nicht. Hier im Wald brauche ich einen Kerl wie ein Baum, der mit geschulterter Axt seinen Dienst antritt. Vom Herbst wollen wir gar nicht reden, wenn der Laubwald sich verabschiedet und mir den goldenen Oktober zu Füßen legt. Knietief im Ahornlaub versinkend, musste ich erst mal ertasten, wo überhaupt Treppen angelegt waren, denn mein Anwesen hatte ja jahrelang brachgelegen. Lieblos sich selbst überlassen. Ungepflegt.

Wie rückt man der epischen Fülle von Wildwuchs, Unkraut und Wurzelwerk zu Leibe? Unerfahren, unwissend und gärtnerisch ungebildet? Ich habe ein schwieriges Waldgrundstück übernommen, weil ein Haus dranhing, das ich unbedingt haben wollte. Der Herbst lehrte mich, genauer hinzusehen, und wurde so zu einer mir ans Herz gewachsenen Saison: Das Kahlwerden, die Vergänglichkeit, das Sterben – es erweckte in mir die Vision, wie alles neu erweckt werden könnte im nächsten Jahr. Als es dann schneite und der ganze Schrott unter der weißen Schicht glitzernden Schnees wie im ewigen Eis verschwand, wirkte alles ganz sauber und aufgeräumt, ebenmäßig und beruhigend. Nun, die Sauberkeit schmolz dahin und vermatschte das seit vier Jahren nicht entsorgte Laub zu glitschigem Schleim.

Und da stand ich nun sprachlos vorm Chaos im Havelland. Würde ein Zwiegespräch mit Mutter Natur helfen?

Wo fange ich an? Ich will diesen Garten, der unter meiner Erde schläft, zum Leben erwecken und zum Sprießen bringen. Einen verrotteten Garten sich selbst zu überlassen ist für mich ein Symbol, das einen die Welt und das Leben nicht mehr interessiert. Nein, da muss was passieren – und alles ohne Kerl, der die Ärmel hochkrempelt und den Bagger fahren kann.

Den Kopf voller Flausen, groß die Sehnsucht nach den bunten Farben, die rhythmisch im Wind wogen wie in einem englischen Cottage-Garten – aber von nichts eine Ahnung. Genauso bin ich auch schon andere große Erfolge in meinem Leben angegangen.

Ich recherchiere eben gerne. Schnüffele und pussele gerne rum, um mich zu informieren. Und so machte ich mich auf nach England. Dort gibt es nämlich jedes Jahr die Chelsea Flower Show. Da werden Gärten blondiert, aufgepimpt und hochtoupiert präsentiert, prämiert und teuer promoted. Das ist schick in Gesellschaftsschichten, die sich Gummistiefel für 200 Euro kaufen. Genau mein Fall, denn dort fühle ich mich wohl!

Also habe ich mich inspirieren lassen und mir mit Buntstiften eine Skizze gemacht. Wie ein schwuler Designer, der vom weiblichen Körper, also der Materie, für die er tätig wird, wenig Ahnung hat, weil er eher selten eine weibliche Gesäßfalte inspiziert hat. Aber die Skizze, die er auf die Fantasyfrau ohne Brüste in sub size zero setzt, sieht super aus. Meine Idee vom Elysium sah auch super aus. Auf dem Zettel.

Wo ich nun jedoch beginnen wollte, sah es einfach nur grausam aus. Ein einziger Bauschutthaufen, wo ein Garten entstehen sollte. Große, unbewegliche Findlinge, überall Steinbruch, bei der Ausschachtung des Hauses weggebaggerter Mutterboden in riesigen Hügeln, mit Unkraut überwachsen. Nein, das war kein Traum, das war ein Kriegsschauplatz.

Wer würde den ganzen Garten von Gehölz befreien, wer zieht überhaupt erst mal einen Zaun? Und woraus soll der Zaun sein? Wenn er aus Feldsteinen sein soll, so wie schön von mir skizziert, dann kostet die Begrenzung mal eben 200 000 Euro. Ach so, nee, damit hätte ich dann doch nicht gerechnet. Ist ja blöd. Hm. Na ja, dann halt was Preiswerteres, so wie auf Sportplätzen aus Metall, was dann überwuchert. Ach, geht ja nicht, wegen der Hanglage, stimmt, ist ja nicht ebenerdig. Na, Menschenskinder, was machen wir denn da? Am besten beim Forstamt anrufen oder sogar beim Grünflächenamt, kann man ja mal kontaktieren und sich nach dem pH-Wert des Bodens erkundigen. Damit hab ich mir auch wieder ein Ei gelegt. Die Verwaltungsangestellte kam zwecks Begutachtung des Anwesens und markierte gleich mal mit der Spraydose fünfundzwanzig Bäume. Morsch, hohl, Zwilling … das ist ganz was Dramatisches, so ein kranker Baumzwilling. Oje! Lebens-ge-fährlich, was da auf dem Grundstück vor meinem Haus Raum einnimmt: zwei Stämme oder Kronen die ineinanderhakeln, und wenn einer davon krank ist, reißt er den anderen mit, also wird man im schlimmsten Fall nicht von einem Baum, sondern gleich von zwei Bäumen erschlagen. Und diese Zwillinge bedrohen mein Haus ... Also, das ist ja wohl ein umfassender Fall für den Experten. Oder ob wohl eine so leistungsstarke und unabhängige Frau wie Angela Merkel Rat weiß? Könnte sie als intelligente Doktorin der Physik Abhilfe schaffen? Nein, nicht mal die Kanzlerin wüsste da Bescheid.

Und zu allem Elend kommt noch nicht unerheblicher Kiefernbestand dazu! Flachwurzler. Da wird ja nicht etwa gefällt, sondern eine Hebebühne wird angekarrt, damit ein Baumkraxler, männlich, sportlich, schwindelfrei, eine bedrohlich schräg stehende Kiefer in Hanglage scheibchenweise abträgt. Dauert vierzehn Tage alles in allem, zwei Tage pro Kiefer, die Wurzeln bleiben drin. Ein Kiefernflüsterer kam dann auch und hing tagelang zwischen Kronen und Ästen herum, die krachend zu Boden fielen und die nächste Sauerei nach sich zogen. Unmengen von harzig riechendem, teils fauligem Gehölz, Sägespäne und Laubberge verwandelten die Auffahrt in undurchdringliches Dickicht. Da hätte ich zu gerne mal einen flotten kessen Vater in der Baumkrone hängen sehen, oder die Hella von Sinnen, wie sie frauenbewegt mit der Laubsäge hantiert und forsch demonstriert, dass die Welt keine Kerle braucht. Am besten gar nicht hinsehen, dachte ich mir irgendwann, und das Wegschauen ist wahrlich manchmal eine Überlebensstrategie. Einfach alles ignorieren und stupide weitermachen, Tee kochen und sich die Decke über den Kopf ziehen.

So denken wahrscheinlich auch die Politiker, während sie die Misere aussitzen.

Das Holz musste beseitigt, gespalten, gestapelt werden, wirklich eine reine Männerarbeit. Keine noch so toughe Frauenrechtlerin käme an dieser Stelle weiter ohne die Hilfe eines Mannes. Und dann ran an die Fichten, verdammte Axt, da kannst du die Wurzeln mit den Händen ausbuddeln. Überhaupt geht Gartenarbeit und püppihafte Eitelkeit überhaupt nicht zusammen. Ein dreckiges Geschäft, bei dem die Haare strähnig ins Gesicht hängen, der Schweiß auf der Stirn steht und die Fingernägel wegbrechen. Wie ein Waldarbeiter kam ich mir vor: Rasenmähen, Heckenschneiden und die Entsorgung von Unmengen Bioabfall. Da kann man abends nicht mehr klar denken, sondern sich nur noch in die heiße Badewanne fallen lassen. Und vorm Fernseher eine ganze Tafel Schokolade alleine aufessen.

Im Morgengrauen geht's weiter. Ich sehe mich schon einen Anhänger mieten und das Gehölz ins Erdenwerk fahren, während Kolleginnen von mir derweil tiefenentspannt in Strassstilettos an ihrem Latte macchiato nippen.

Hier ein paar Stauden aussuchen, dort den Rhododendron setzen, Blütenfarben komponieren, Rosen ins Erdloch pflanzen, okay, das mag Frauenarbeit sein, aber bei der Gartenanlage kommt man nicht weit, ohne schweres Gerät einzusetzen. Eine Gartenanlage ist nun mal die von Menschenhand kultivierte Natur. Hier plane ich eine Mauer, da pflastern wir einen Weg, und dort pflanzen wir einen Obstbaum. Das »wir« ist in dem Fall der Kerl mit dem Aufsitztraktor. Wie soll man Unmengen von Erdreich ausheben, versetzen, einebnen, planieren? Es geht nicht ohne Mann im Garten, die Kräfte eines Neandertalers sind gefragt, um hier voranzukommen, auch wenn das Fürstentum nur so groß wie ein Handtuch ist.

Männer gehen bei der Gartenarbeit gern hilfreich zur Hand, weil sie dabei motorisierte Spielzeuge pflegen können: Männer und Motoren gehören einfach zusammen. Rasenmähen ist wie Staubsaugen in freier Wildbahn, und wer den Aufsitzer zu kontrollieren weiß, wird in seiner Männlichkeit beglückt. Wer mäht, schafft Ordnung. Hier macht sich der Mann auf dem Motor auch noch nützlich. Deshalb ist und bleibt Rasenmähen Männersache.

Zur Belohnung wird dann Bundesliga geguckt.

Elektrischen Gerätschaften wohnt nun mal eine gewisse Gefährlichkeit inne, und wenn Vati damit den Gehweg niedermäht, wissen die Nachbarn: Der Klaus-Dieter, der beherrscht die Materie und behält die Kontrolle.

Klaus-Dieter weiß auch, dass der Kirschlorbeer am wenigsten Arbeit macht, weil er immergrün ist und das sogar im Winter.

Und Klaus-Dieter kennt Bauernregeln.

Nach einer Faustregel macht zum Beispiel mein Garten fünftausend Stunden Arbeit pro Jahr. Man rechnet nämlich eine Stunde Gartenarbeit pro Quadratmeter. Wenn das Jahr dreihundertfünfundsechzig Tage à vierundzwanzig Stunden hat, dann müsste ich an zweihundertacht Tagen im Jahr vierundzwanzig Stunden Gartenarbeit leisten. Ein Unding. Geld für einen Fulltime-Gärtner habe ich nicht. Bleibt wohl nur der Ausweg zum Guerilla-Gärtner, ganz was Cooles. Da werden heute in Berlin von den Hipstern nämlich nicht mehr Häuser besetzt, sondern Verkehrsinseln okkupiert und mit Gemüse bepflanzt. Die Hipster schmeißen Samenbomben in den Park in Friedrichshain und sind fasziniert, wenn was passiert, also im Frühjahr ein Stiefmütterchen sprießt. Das ist jetzt so Mode. Woanders wurde das Stiefmütterchen ob seiner Spießigkeit verfemt. In Friedrichshain wird es umjubelt.

Mode ist eben immer eine Frage des Wann und Wo. Zur rechten Zeit kann man sogar als Stiefmütterchen Furore machen. Wäre es vielleicht denkbar, dass das Stiefmütterchen auch außerhalb des Stadtparks je wieder modern wird? Richtig eingesetzt im Garten, kann ein Stiefmütterchen nämlich ein echter Knaller sein! Ich finde, das Stiefmütterchen wird zu Unrecht diffamiert. Ich denke, es liegt am Namen. Der tut dem Stiefmütterchen nicht gut.

Ebenso ist es mit den Tannen, die werden ja auch nicht mehr gepflanzt. Wurden vom Bambus und billigen angeleuchteten Buddhas im Schilf abgelöst. Mode sind derzeit auch diese affigen Kugelbäume. Ich schleiche ja neuerdings zunehmend durch die Gartencenter, um mich umzusehen.

Überall sieht man diese Kugelbäumchen – zum Beispiel der

Kugelahorn, eine Mutation des großen Spitzahorns – wahre Micky-maus-Bäume. Die werden mit Viren geimpft, damit sie in die engen Gärten von heute passen. Manipulierte Natur. Wer keinen Platz hat, soll sich lieber einen Strauch pflanzen als gentechnisch manipulierte Zwergbäume. Alles soll klein sein neuerdings. Wie diese Miniaturausgaben von Ananas und Bananen und Mohrrüben ... Mit solchen Formaten kann ich nichts anfangen. Am Ende richten sich noch die Kerle danach und manipulieren den kleinen Lümmel auf XXS ... Hilfe!

Wie das Stiefmütterchen ist auch die Tanne per se weder zu segnen noch zu verfluchen. Allerdings gibt es die richtige Tanne am richtigen Ort und die falsche Tanne am falschen Ort. Die falsche, das ist meistens die, die früher mal Weihnachtsbaum war, dann eingepflanzt wurde, dementsprechend zufällig irgendwo rumsteht, an der falschen Stelle Schatten wirft, aber mit zu viel Sentimentalität behaftet ist, als dass man sie fällen würde. Nur: Das ist nicht das Problem der Tanne! Bei mir auf dem Grundstück standen die alten Weihnachtsbäume der letzten hundert Jahre rum. Sahen grauenvoll aus, haben sich gegenseitig Licht und Wasser abgegraben, die Luft zum Leben genommen. Hab ich alle fällen lassen. Es wurde gesägt und gerodet, bis die Nachbarn sich von weit her versammelten, um zu fragen, ob bei mir alles in Ordnung sei.

Als alles geräumt war, war ich erst mal pleite. Aber es ward Licht! Plötzlich gab es Luft und Freiräume, Möglichkeiten, Wege und Terrassen anzulegen, vielleicht Gemüsebeete sogar, so ganz nach Anarchoguerillaart. Damit ich im Alter selbst meine Zucchini aus dem Garten holen kann. Meine Nutzpflanzen müssen ja nicht im Exil gedeihen. Da habe ich mich nämlich genau erkundigt: Der Barockgarten des Schlosses Villandry an der Loire ist überwiegend mit Nutzpflanzen gestaltet. Eine Pflanze ist ja nicht hässlich, nur weil sie nützlich ist. Ich möchte richtig schöne Kohlsorten setzen lassen und meine Kräuter gestalterisch einsetzen. Aber mir tut der Rücken weh. Ich plane auch einen englischen Zierrasen. Eine ideale Oberfläche, denn sie ist weich, kühl, hat eine angenehme Feuchte und ersetzt die

Bodengestaltung. Ich finde, ein wunderschöner Rollrasen verändert das Verhalten der Menschen, denn man kann sich einfach langlegen oder herumtollen. Das wird auf einer Kiesfläche niemand machen. Ja, ich will, dass mein Rasen aussieht wie von einem englischen Landsitz, und ich weiß, dass dies nur mit Aufwand und Chemie erreicht werden kann. Und wer macht mir das? Fremde Männer im Overall, die anpacken können und nebenbei Schlagermusik hören.

Wenn ich ein Loblied auf Männer singen soll, dann auf meinen Gärtner! Er haut Schneisen in den Wald, versetzt Hecken, rammt Pfähle in den Boden, pflanzt Bäume, weiß nicht, wovon ich rede, wenn ich von sprießenden Ramblern fantasiere, die aussehen wie blühender Schnee und meinen alten Pflaumenbaum erobern sollen, von Gesängen in den Beeten schwärme, die ich hören will. Überall plane ich schäumende, weiße Blütentupfen, ein Unicolor-Paradies aus Hortensien, Rhododendron und Rosenbögen, dies alles vor einem knallblauen Himmel und Vogelgesänge, die mir das Herz durcheinanderwirbeln.

Ich weiß genau, was ich will, aber ich habe nicht die Muskeln, nicht die Hände wie Schaufeln, nicht die Kraft und nicht die stoische Ruhe und Geduld, dies alles umzusetzen. Auch Gärtnerinnen können das nicht, mögen sie noch so fleißig sein. Unsere Körper machen da nicht mit. Mann und Frau sollen eine Lebensgemeinschaft bilden, wie die Pflanzen und die Tiere. Diese Lebensgemeinschaft finde ich zwischen mir und meinem Gärtner vollendet. Wenn er hundertfünfzig Lavendel pflanzt oder dreitausend Narzissen, schaltet er sein Hirn ab. Er genießt die monotone, meditative Tätigkeit, bei der er nicht denken muss.

Deshalb sind Männer prädestiniert für harte Gartenarbeit.

Ich choreografiere aus Form, Ästhetik und Farbenlehre meinen Garten Eden. Mein Gärtner holt ihn aus der Erde raus, unter der er versteckt ist. Mehr kann ein Mann nicht für mich tun! Er sorgt dafür, dass alles, was ich mir vorstelle, am Ende wirklich da ist. Nicht alle können meine Gartenideen tatsächlich »begreifen«. Ein

Schaffensprozess, eine Win-win-Situation. O nein, ich habe nichts gegen Männer, ganz im Gegenteil, das Konzept Mann ist grandios, wenn man nur dafür sorgt, dass es an den richtigen Stellen seine Wirkung entfaltet.

Man soll einem Garten und den Männern nichts aufzwingen. Die Natur will nicht vergewaltigt werden. Und eine Fülle von ebenmäßig runden Buchskugeln akkurat zu schneiden gelingt wirklich nur, wenn man das Denken einstellt. Ich habe Respekt vor Menschen, die so etwas können.

Sie sind in der Lage, das Hirn einfach auszuschalten. Ich frage mich, warum Frauen in den Wechseljahren männliche Hormone zu sich nehmen sollen? Wenn ich männliche Hormone nehme, weiß ich doch, dass sie mein Hirn auf die Hälfte schrumpfen lassen.

13 Die Biggi und das Leben unterm Regenbogen

Es gibt mehr Gründe, dieses Buch zu lesen, als das Kamasutra Positionen hat.

Es ist schon schwierig genug, als »normale« emanzipierte Frau seine Weiblichkeit zu behaupten, als Hausmann, der die Kinder betreut, nicht verlacht zu werden. Doch nun droht so mancher auch noch angesichts der sexuellen Vielfalt, die sich bietet, ins Schleudern zu geraten und vom angestammten Kurs abzuweichen, indem er sich gar von Randgruppen inspiriert sieht, die sich über altherkömmliche Gendergrenzen erheben. Wahrlich ein Weckruf für die letzten Traditionalisten, die verschreckt feststellen müssen, dass unsere Gesellschaft bereit ist, das Kontroverse zu umarmen.

Die attraktivsten Männer sind jene, die auch weibliche Eigenschaften zulassen, während faszinierende Frauen solche sind, die sich durchsetzen können, im Beruf Erfolg haben, Macht entwickeln und ihre Unabhängigkeit bewahren.

Nachdem Conchita Wurst auch noch den Grand Prix gewonnen hat, ist es amtlich, dass in der sexuellen Vielfalt mehr Möglichkeiten stecken, als ein schwuler Bürgermeister mit seinem Credo »Ich bin schwul – und das ist gut so« einst anzudeuten wagte.

Es muss schon einiges in Bewegung geraten, bis die CDU in Sachsen eine Landesbeauftragte für Transgenderfragen beruft, die nun amtlich die geschlechtsspezifischen Mischformen zwischen Männern und Frauen untersuchen soll.

Wenn das Vorabendprogramm in den Medien die neuen Hofnarren aus dem Pool der Tucken, Tunten, Transen, Trienen bestückt, dann ist Travestie mitten in der Gesellschaft angekommen. Wer hat dafür mehr getan: Jorge González oder Harald Glööckler? Ja, die weltumspannende Zeitgeistästhetik kommt nicht daran vorbei, dass es tatsächlich mehr gibt als männliche und weibliche Rollenmodelle.

Bevor aber die Transgenderdebatten das Abendprogramm erobert haben, sind erst mal andere Randgruppen verdrängt worden. Ich sage mal, beispielsweise die der Dame. Es ist schon eine Kulturkatastrophe, dass man unseren Töchtern gar nicht mehr vermitteln kann, was eine Grande Dame ausmacht. Wer wird ihr je begegnen? Die, die es sein wollen, sind es nicht, und solche, die es sein sollten, beherrschen es nicht.

Wenn es keine echten Damen mehr gibt, haben Herren auch keinen Anlass mehr, den Hut zum Gruß zu heben. Wer macht das schon noch?

Allgemein üblich geworden ist eher das Gegenteil: Heutzutage wird man als Frau angepöbelt, wenn man – mit Gepäck beladen – am Hauptbahnhof seine Koffer nicht flott genug durch die Drehtür wuchtet. Man kriegt den Stinkefinger gezeigt, wenn man an der Kasse nicht prompt das Kleingeld parat hat, wird angepflaumt, wenn man einen Parkplatz ergattert, und angemotzt, wenn man auf dem Postamt, unter einem schweren Paket ächzend, nicht schnell genug in der Schlange nach vorne drängt.

Das man als Dame mal Hilfe angeboten bekäme, dass einem Vortritt gelassen wird, in den Mantel geholfen wird, das sind ja alles kitschige Szenen aus deutschen Nachkriegsfilmen. Die Emanzipation hat den Frauen ordentlich was aufgebürdet. Jetzt können wir unser Altglas selbst entsorgen und zum Container schleppen.

Damen fungieren heutzutage prinzipiell als Lastenträger, wuchten selber die Regalbretter von Ikea die Treppen rauf und runter, hieven die Müllcontainer an den Straßenrand, werden im Kaufhaus mit den Ellbogen in den Rücken geboxt, kriegen im Supermarkt den Einkaufswagen in die Hacken gerammt, und entschuldigen tut sich auch keiner mehr. Nicht mal die Bäckereigehilfin, die falsches Kleingeld rausgibt. Moniert man es, kommt eine freche Antwort: »Haick ja nisch mit Absischt jemaaaacht!«

Und dass man als Dame ständig nach dem Alter gefragt wird … In den Sechzigerjahren noch ein völliges No-Go, heute an der Tagesordnung. Das Alter haftet jedem Namen wie ein Preisschild an. Das Beste, was man daraus machen kann, wäre eigentlich, sich zehn bis fünfzehn Jahre älter zu machen. Dann bekäme man wenigstens Komplimente, und jene, die sie verweigern, outen sich automatisch als plumpe Trottel.

Aber Männer verstehen es heutzutage ja kaum noch, Komplimente zu machen. Na gut, vielleicht dafür, dass man einen aalglatten brasilianischen Bikiniwax vorzuweisen hat, oder pralle Möpse, aber die feinen Zwischentöne sind doch komplett verloren gegangen.

Kann denn nichts in dieser polyglott globalisierten Welt an seinem Platz bleiben? Das Althergebrachte zu eliminieren heißt doch, die Wurzeln unserer Identität zu kappen. Ich persönlich freue mich wahnsinnig, wenn Menschen mich ansprechen, mir ein Kompliment machen, Hilfe anbieten und galant sind. Elegante Damen und galante Herren, wo um Himmels willen sind sie nur abgeblieben? Ausgestorben und ihres Milieus beraubt, ebenso wie die Filzlaus, deren letzte Exemplare in den Vollbärten der Hipster Zuflucht suchen mussten, um zu überleben.

Der gute, alte Neckermannkatalog hat sich auch selbst abgeschafft.

Manch einer, vielleicht des Lesens kaum mächtig, konnte früher wenigstens aus Ehrgefühl Interesse an Literatur vortäuschen, wenn die Schrankwand mit den dicken Quellekatalogen der letzten zehn Jahre gefüllt war. Von Weitem hat das auf Familienfotos der Siebzigerjahre gewirkt wie eine Bibliothek. Heute zieren die Regale der Hochglanzschrankwände mit Innenbeleuchtung nur noch Ladekabel, ein Paar Hanteln, eine Schlumpfsammlung aus den Überraschungseiern und die Playstation. Wie öde und uninspiriert. Selbst Herr Kaiser von der Hamburg-Mannheimer hat sich aus dem Staub gemacht. Er hat sich ein neues Wirkungsfeld als Arzt auf dem Traumschiff gesucht. Einfach heimlich das Metier gewechselt und uns alle sitzen gelassen.

Es scheint alles aus den Angeln gehoben, und jeder Depp sucht die Öffentlichkeit. Und wenn Political Correctness den Humor in Deutschland erst gänzlich ausgerottet hat, dann schmollen alle, weil es langweilig und weichgespült zugeht. Und wenn entertained werden soll, dann wird nach Großbritannien und in die USA geschielt, und am Ende klaut man dort die Erfolgsserien wie *Sex and the City,* um sich daran zu berauschen, dass aber absolut gar nichts an diesem Format political correct ist.

Ja, die dürfen das dort, die sind ja nicht wir. »Wir« machen das nicht, wir nehmen nur teil, aber »wir waren das nicht«.

Wer ist eigentlich wir? »Wir«, wer ist das, bitte schön? Sind »wir« alle Frauen in der Gesamtheit oder nur »unsere« Generation?

Ich weiß nur, dass immer alle gleich beleidigt sind, wenn »wir« politisch inkorrekt oder sexistisch tituliert werden. Überall gekränkte Leute. »Mikroaggressionen« nennt sich das jetzt, wenn man Bevölkerungsgruppen ob ihrer Herkunft adressiert oder in Schubladen steckt. Man darf als Deutscher, mit dem Stigma des Dritten Reichs behaftet, ja schon gar nicht mehr fragen, wo jemand herstammt, um nicht gleich als fremdenfeindlich zu gelten. Wenn man aus Versehen was Verallgemeinerndes über Frauen sagt, wird dies als Sexismus ausgelegt. Sollen wir uns eine Tüte über den Kopf ziehen, unter den Teppich kriechen und uns unsichtbar machen? Sind persönliche Meinungen, die nicht dem allgemein verordneten Populismus folgen, in unserer Demokratie überhaupt noch zulässig?

Darf man denn nicht fragen, was eine hocherotische Thailänderin nach Deutschland geführt hat? Wenn man wissen will, wo sie denn alle nun wirklich herkommen und wovon sie hier überhaupt leben, so im Small Talk, dann betritt man schon Glatteis. Mit einer falschen Frage läuft man Gefahr, sich für eine Rassismusschlagzeile zu qualifizieren. Das wollte mir ja mal mit Vehemenz Barbara

Becker anhängen, dass ich rassistisch sei! Weil sie sich mal als Schauspielerin versucht hatte und die Buhlschaft im Jedermann zu spielen versuchte. Ich an ihrer Stelle hätte dabei zum Nasenring gegriffen, um die Figur mit einer anderen Ebene zu unterfüttern, was Mauern im Denken der Zuschauer einreißen würde. Jahrelang ist die Babsi dann damit überall hausieren gegangen, ich sei eine Rassistin und hätte etwas gegen Farbige. Ein Zug, auf den alle gerne aufgesprungen sind. Wenn es darum geht, mit Dreck zu schmeißen, sind die ewig üblichen Verdächtigen immer gerne dabei.

Dabei war meine optische Provokation nur eine dramaturgisch-kreative Idee, um ihrem Rollenstudium Leben einzuhauchen. Babsi B. hat nie begriffen, dass man nie wieder Othello aufführen dürfte, wenn es auf Bühnen um Hautfarben ginge. Warum ist sie nicht einfach erhaben darüber? Na ja, sie hat danach aber auch nie wieder Theater gespielt. Man hat sie im Übrigen auch nicht hören und verstehen können.

Auch wenn man einfach mal im Small Talk nachfassen möchte, ob jemand nur als Wochenendtranse oder professionell unterwegs ist, kann das von gewissen Karnevalisten bereits als Sexismus und Schwulenhass ausgelegt werden.

Wenn »wir« uns hier im neuen, hellen Deutschland in jede Minderheit einfühlen sollen, dann kommen wir zu gar nichts mehr. Ich persönlich mag das Wort »Minderheiten« nicht, es sollte zum Unwort des Jahres erklärt werden. Wie das schon klingt! Als ginge es um Minderbemittelte. Wie defizitäre Menschen in abgesplitterten Gruppierungen die Problemfälle sind. Riecht irgendwie nach Randgruppenmachenschaften und Kleinkriminalität, und das verheißt nichts Gutes.

»Splittergruppen«, das ist echt was Krasses. Wer ist damit überhaupt gemeint? Eine Unterrandgruppe, die sich von einer eh schon verschwindend geringen Minderheit abgesplittert hat? Sind damit etwa die Lesben gemeint?

Da weiß man nur, die sammeln keine Dessous, haben keinen Schuhtick und müssen nicht ins Nagelstudio. Eine Lesbe mit langen Fingernägeln ist unter Garantie Single. Schauen Sie sich Hella von Sinnen an: Die hatte ich im Sommer zum Kaffee eingeladen. Da hat sie sich im Garten in meine Hängematte plumpsen lassen und dabei zwei Bäume entwurzelt. Graziös ist anders.

Ja, ja, die Weltanschauungsvielfalt hat uns ganz schön durcheinandergewirbelt. Brauchen wir überhaupt Splittergruppen? Hmm, nee, nicht wirklich. Heutzutage? Herrje, die Schwulenbewegung, über die zu debattieren man sich heute noch in Talkshows bemüßigt fühlt, ey Leute, die hat vor fünfundvierzig Jahren stattgefunden! Was für ein verspätetes Erwachen, wenn Karnevalstransen meinen, an die Legalisierung ihrer Interessen appellieren zu müssen, wo mit dem Film *Nicht der Homosexuelle ist pervers, sondern die Situation, in der er lebt* schon 1975 das Thema erledigt war. Sich als liberal darzustellen, weil man mit fast fünfzigjähriger Verspätung Toleranz vor sich herträgt, das ist provinzielles Duckmäusertum par excellence. Da fehlt nur noch die Parole »Neger sind auch Menschen«.

Dies und der Kommentar »gegen Schwule hab ich nichts, soll jeder nach seiner Fasson glücklich werden und leben, wie er will«, geäußert am Beginn des 21. Jahrhunderts, das ist Rassismus pur. Selbstverständliche Menschenrechte als Toleranz zu verpacken und sich noch damit zu brüsten, das ist bereits reaktionäre Schräglage.

Es gibt einfach zu viele Verrückte, die uns nerven, und da ist es nicht leicht, den Überblick zu behalten. Jeder meldet sich zu Wort und klagt seine Entschädigungen ein: irgendwelche alleinerziehenden lesbischen Korbflechterinnen aus Krisenregionen, die ihre Kinder von Steuergeldern glutenfrei ernähren und nur darauf warten, in einem Leitartikel zur Lage der Nation nicht mit erwähnt zu werden, um dann wütend aufzumarschieren. So sieht's doch aus! Jeder darf mitjammern und bekommt sein Forum. Darf Position beziehen, ob mit oder ohne Fundament. Nur die fleißigen, arbeitsamen Säulen unseres Sozialstaates, die vor lauter Arbeit keine Kapazitäten mehr zum Demonstrieren haben, vor lauter Dreckwäsche und Schularbeiten und all der amtlichen Nebentätigkeit für den Verwaltungsstaat zu müde und erschöpft sind, die bekommen kein Gesicht. Das Extreme wird als das Normale verkauft. Und diese populistische Scheinwelt soll uns Angst machen.

Aber eine »von uns« gibt es, die soll die Lage der sexuellen Vielfalt sondieren und Überblick über die Transgenderdebatten verschaffen. Als Frau sogar, hohoho. Wo das doch eine vermeintliche Drecksarbeit ist. Da brauchen wir eine, die sich in die Splittergruppen einfühlen kann.

Das ist eine, die hat schon ein Gender-Gaga-Buch geschrieben und ist in der Frage sicher nicht Expertin, denn sie hat vier Kinder und lebt in keiner Regenbogenfamilie. Das ist die Biggi, die in Sachsen zur Expertin ernannt wurde, um im Bundestag für die »Akzeptanz der Vielfalt von Lebensweisen« zu kämpfen. Beziehungsweise erst mal Studien zu erheben, ob die Gaga-Gender-Gruppen das überhaupt wert sind. Oder wohin mit ihnen, mit den vielen Transvestiten, Transsexuellen, Karnevalstransen und den ganzen Männern in Frauenkleidern. Oder solchen mit Rock an und Bart dran.

Jetzt gibt es eine Erhebung des Familienministeriums zum Verhalten von Transvestiten in der Prostitution. Sind das nun Männer, Frauen oder Huren? Wie werden die verwaltet? Sind die Klamotten absetzbar? Ist es Verkleidung, Privatvergnügen oder ein Businessmodell? Wo legt man die Leute ab? Wo ist deren Lebensmittelpunkt, geschlechtlich gesehen? Herrje, dafür braucht man Karteikarten in neuen Farbtönen … die Aktiven kriegen rosa Karteikarten, die Passiven verwaltet man in Lila. Wenn das Rumrennen als Fummeltrienen am Ende was erwirtschaftet, dann muss dafür ja behördlich ein Anreiz geschaffen werden, denn es scheinen ja viele zu sein, die da nicht mehr zu stoppen sind. Ein schönes Ministerialamt muss her, ein Transgenderpräsident, der in einer rosa

Stretchlimousine mit einem Kreuz wie ein Bauarbeiter und Schuhgröße 48 vorgefahren kommt und sich für ein Fräulein hält. Für die Rechte anderer eintreten will, aber natürlich nur die eigenen Interessen vertritt.

Es wird immer interessant, wenn Menschen sich für Interessen engagieren, die außerhalb der eigenen Egozentrik liegen. Das ist bei der vermeintlich bekanntesten Transe Deutschlands nicht der Fall. Es geht nur um ihn. Und deshalb ist das Spektakel nicht überzeugend.

Aber wir haben ja für Transgenderfragen jetzt Biggi. Früher hätte man da ein gestandenes Mannsbild von der CSU aus Bayern aufräumen lassen. Heute macht es, ach, die Birgit! Man muss sie lieben für ihren speziellen Humor. Selbst vielfache Minderheit, ätzt sie, die katholische Rumäniendeutsche, ausgerechnet gerne gegen genau die Minderheiten, die sie als Koryphäe betreuen soll.

Ist das gaga, frech, dumm oder mutig? Pampig ist zumindest, dass sie als Randgruppenelse das »Wir« benutzt, wenn sie Sachen sagt wie beispielsweise bei *Hart aber fair:* »Wir haben ständig neue gekränkte Minderheiten.«

Okay, Biggi, das ist jetzt aber deine ganz eigene subjektive Empfindung und Einzelmeinung, die du verallgemeinerst und uns überstülpen willst. Gott sei Dank nämlich haben wir sexuelle Vielfalt und kreative Varianten in der persönlichen Lebensgestaltung. Liebe findet so selten statt, dass man gratulieren sollte, wenn sie überhaupt zustande kommt. Also zieh uns nicht in deine enge, kleine Schachtel mit rein, aus der du kommst, verstanden?

»Wir«: Damit waren wir gemeint. Auch ich also. Aber ohne mich, Biggi, ist das klar, Freundin? Ich bin raus aus der Nummer. Such dir dein Following und deine Groupies mal schön am rechten Rand, aber lass dich nicht blicken auf dem CSD. Da kommst du eventuell ganz schnell unter die Räder, wenn dich die Hackenschuhfraktion jagt, so schnell kannst du nicht mal in rutschfesten Pumps mit Blockabsatz rennen.

Aber bis wir sie zum CSD einladen, sitzt die Biggi erst mal noch in vielen Talkshows, um zu beweisen, dass sie nämlich sehr wohl Ahnung von sexueller Vielfalt hat. Sie weiß sogar schon, wie Lesben Liebe machen. Die amtliche Bundesbeauftragte, die uns in die Schlafzimmer gucken soll und die Vielfalt an Möglichkeiten, die sich dort bieten, verwalten soll, hat uns vor einem Millionenpublikum gesagt, was sie schon rausbekommen hat. Sie sagte wörtlich: »Die lecken sich.«

Ach nee, also wirklich! Biggi, so was sagt man doch nicht in den Öffentlich-Rechtlichen. Die arme Frau Maischberger, die hatte sogar einen Styroporpenis dabei in der Hand, und ich dachte, du machst gleich vor, was du gelernt hast.

Aber Biggi ist tapfer: Sie nennt die Dinge eben beim Namen. Ein Tierarzt darf auch nicht zimperlich sein. Und immer schön raushauen, was man schon alles erforscht hat, um das Fachwissen auch zu zeigen.

Manchmal ist es schon eklig, was du »uns« da so politisch auftischst. Aber »wir« finden es gut, dass wir jetzt mal eine Expertin haben, die für Ordnung sorgt und uns erklärt, wer wann wo wie leckt und vor allem wen. Und mit was für Klamotten an. Denn Travestie definiert sich ja erst über den Fummel, den man dabei trägt. Wenn man als Transe nun einen Nadelstreifenanzug trägt, während man sein Eis schleckt, ist man dann wieder ein Kerl? Was ist mit Transen, die Jeans und T-Shirt tragen? Und sich eine Schokobanane bis zum Anschlag in den Hals rammen? Oh, da muss die Biggi aber knobeln … Vielleicht sollte man solche Leute aus dem Verkehr ziehen oder sie markieren. Nicht, dass die an Spielplätzen rumlungern und unsere Kiddies auf bunte, dumme Gedanken bringen und Bananen verteilen. Mensch, Biggi, du hast echt zu tun. Gott sei Dank, dass sich eine von »uns« kümmert!

Sonst läuft alles noch aus dem Ruder. Boah ey!

14 Wenn die Mädels zum Halali blasen

Man sollte meinen, wer etwa ab 1980 geboren ist, für den sei es selbstverständlich, dass die Domänen der Männer zunehmend von den Frauen erobert werden. Eine Jugend mit Dallas und Denver-Clan als Orientierungsmodellen sollte die Botschaft vermittelt haben, dass unsere Demokratie grundlegend auf den Pfeilern der Gleichberechtigung aufgebaut ist.

Deshalb haben die Männer sich ja auch die Schürze umgebunden und sich als Betätigungsfeld die vollautomatisierte Küche gewählt. Hier verrichten sie präzise und akkurat Sklavendienste wie Kartoffelschälen oder Bohnenschnibbeln und füllen als Veganer brav Erbsen mit Reis.

Im Gegenzug erobern die Ladies die Chefetagen und auch andere Männerdomänen. Und welche Bastion die Damen auch angreifen, sie tun es gründlich. Mit und ohne Bartschatten. Meine Fresse, es wäre Science-Fiction gewesen, hätte man noch im Jahr 2000 gewagt zu prophezeien, dass unsere Mädels im Frauenfußball mir nichts, dir nichts mehrfach den World Cup heimholen. Spott und Häme begleiteten die ersten Pionierinnen auf dem grünen Rasen, die mit dreckigen Stutzen, aufgeschlagenen Knien, einem stabilen Sport-BH und Damenbart darum bemüht waren, es unseren Nationalspielern gleichzutun.

Antiquierte Vorstellungen von Geschlechterrollen wurden längst in ihren Grundfesten erschüttert. Ob Lufthansapilotin, Soldatin, Bundeskanzlerin, Boxerin, Kriegsreporterin, es gibt wenige Männerdomänen, die heute noch für eine freundliche Übernahme durch uns Frauen zur Verfügung stehen. Wir haben sauber gearbeitet bislang. Und wir sind noch lange nicht am Ziel. Die Latte hängt hoch.

Nachdem die Ladies inzwischen auch beim Frauencatchen Weltstars produziert haben, sich ans Frauenpolo wagen und hervorragende Siebenkämpferinnen abgeben, stehen auf unserer To-do-Liste nur noch das Skispringen, Eishockey, Wasserball. Die Sache mit dem Rugby, okay, die überlassen wir vielleicht der Generation unserer Enkel. Die sollen ja auch unsere Mission in die Zukunft tragen und die Welt mit einem Drahtkorb in der Visage aus den Angeln heben können.

Besonders verlockend sind für uns Pionierinnen stets jene Bereiche, die als jahrhundertealte angestammte Bastionen von passionierten Platzhirschen verteidigt und als unantastbares Terrain, sprich frauenfreie Zone, betrachtet werden. Wie eben einst der Fußball. Genau. Die frauenfreien Zonen, die gilt es zu erobern, weil halbe Sachen oder Nachlässigkeiten schließlich nicht unsere Art sind.

Klar machen wir uns gerne schick, aber manchmal macht es auch Laune, rustikal und zünftig daherzukommen, die Stilettos in die Ecke zu knallen und sich schlechter frisiert als der eigene Hund unter Gleichgesinnte zu mischen. Und zwar um halb fünf in der Früh, ungeschminkt.

Wer uns so erwischen will, der kann uns kennenlernen. Er begleite uns zur offenen Kanzel, halte Ausschau nach der Rotte Sauen, spreche mit uns an, lausche dem eigenen Herzschlag, prüfe die Windrichtung mit den Atemwolken und frohlocke, wenn es im Gehölz knackt. Denn was gibt es Schöneres, als im Morgengrauen im Wald nach dem Rechten zu sehen? Aber beileibe nicht als dekoratives schönes Beiwerk, sondern als Schützin, die mit der Flinte dem Jungbock den Blattschuss direkt ins Herz setzt.

Hallo, hier sind wir! Die Passion Jagd wird weiblicher. Es wird auch Zeit. Noch vor zwanzig Jahren betrug der Frauenanteil unter den Jägern knapp ein Prozent. Heute ist jeder zehnte Jagdscheininhaber eine Frau. Eine junge Frau! In den Vorbereitungskursen zur Jägerprüfung liegt die Frauenquote bei 20 Prozent. Und die Absolventinnen der Jagdschulen liegen voll im Trend. Haben wir uns nicht gemausert? Erst mit Barbie gespielt, dann Bambis gestreichelt und ein Lämmchen geknuddelt, jetzt brechen wir ohne mit der Wimper zu zucken das Wildbret auf.

Nein, wer glaubt, wir seien zimperlich, der muss sich eines Besseren belehren lassen. Wir können auch anders. Es geht auch ohne rosa Handtasche. Und zwar wenn zum Halali geblasen wird. Wenn es endlich heißt: Ich und die Pirsch! Die Jagdsaison ist eröffnet. Aber nicht auf uns! Die Jägerin sind wir.

Auf dem Hochsitz pfeift der Wind durch die Ritzen, die Leitersprossen mögen vereist sein, kalte Füße, dicke Socken, schwere Stiefel, die Büchse im Anschlag, stundenlang bewegungslos sitzen und um uns herum nichts als der Wald. Da hört man vor lauter Stille das eigene Herz endlich wieder pochen und das Blut in den Adern rauschen. Tiere töten war früher Männersache, jetzt ist es unser Ding. Und die Jäger werden sich daran gewöhnen müssen, dass wir manchmal sogar die bessere Strecke vorweisen können.

Warum bauen Menschen ihr eigenes Gemüse an? Warum gilt es als verantwortungsvoll, die Eier beim Bauern auf dem Hof zu kaufen? Warum ist plötzlich alles vegan?

Aus dem gleichen Grund töten Menschen seit jeher Tiere. Denn die Jagd ist natürlicher als das eingeschweißte Schnitzel aus der Massentierhaltung für 99 Cent an der Fleischtheke aus dem Supermarkt, bei dem niemand an die Augen denkt, die mal dazugehört haben. Jedes Kotelett, das wir essen, hat ja mal sehnsuchtsvoll vor sich hin gestiert.

Fleisch zu essen ist immer damit verbunden, vorher ein Leben auszulöschen. Dessen sollte man sich bewusst sein. Das ist für Jäger, die ein Reh erbeuten, präsenter als für viele Verbraucher.

Der Vorgang des Tötens wird beim Konsum von McDonald's eben ausgeblendet, ist sehr weit weg, aber vorher trotzdem passiert. Und zwar anonym und oft genug ziemlich zynisch im Schlachthaus. Manche mögen den Kopf darüber schütteln, aber die Jägerinnen unter uns bieten auch den Jagdgegnern wacker die Stirn, denn feige sind wir nicht.

Jägerinnen lieben nicht nur die Natur, sondern auch die Bräuche und die Gemeinschaft. Es geht um Tradition, wetterfeste Kleidung, die Liebe zum Jagdhund und um Hüttenkultur. Nebst Jägermeister. Ganz nebenbei, aber auch wirklich nur am Rande interessiert natürlich, dass Damen sich auf der Jagd in einer Domäne bewegen, wo man noch richtige Männer treffen kann – und zwar in einem sehr günstigen Zahlenverhältnis. Das ist wie im Stadion in der Fankurve: Hier sind wir die Minorität, und das fühlt sich gut an. Endlich Männerüberschuss, endlich eine Leidenschaft, die verbindet und ohne große Erklärung so was wie ein Bekenntnis zu gemeinsamen Werten ist. Denn wir, die Jägerinnen, töten nicht, wir erlegen. Wir schießen auch nicht auf Bambi, das übrigens ein seltener amerikanischer Weißwedelhirsch war, nein, wir erlegen Rehe in der Jagdsaison. Und wir weinen auch nicht, wenn das Stück in sich zusammensackt. Angst vor Waffen oder Blut hat man uns abtrainiert. Wir setzen tapfer das Messer am Waidloch an und nehmen den Kadaver noch warm und dampfend aus. Dann transportieren wir ihn ab. Später schlagen wir ihn aus der Decke und beinen das Fleisch aus. Vorher haben wir aber an die zwanzig Stunden auf dem Hochsitz Beute gewittert. Bei Rehen sind's nur zehn Stunden. Allein das volle Programm sichert uns den Respekt der männlichen Kollegen.

Wenn wir im Jagdfieber sind, geht uns jedes Designerkleid am Arsch vorbei. Das Ziehen des Abzugs ist unser Aphrodisiakum, unsere Lust am Archaischen. Und wir schießen auch wirklich selbst! Wenn das nicht der letzte Schrei ist! Wenn es heißt, der Beutetrieb sei dem Menschen angeboren, dann sind wir jetzt aber mal am Ruder. Und für nicht wenige Mitstreiter sind wir in unserem abgewetzten Lodenmantel, den Deutsch-Rauhaarteckel neben uns, die allerneueste Männerfantasie.

Wenn im Büchsenlicht aus dem Dickicht plötzlich Wildschweine auftauchen, fünf oder sechs große schwarze Schatten werfen und über die Schneise traben, dann spürt die Jägerin das Adrenalin in ihrem Blut. Aber es heißt, eine Frau denke länger nach vor dem Schuss, und sie drücke nur ab, wenn sie absolut sicher sei, zu treffen. Hat sie Zweifel, bleibt der Finger gerade.

Die Rotte trollt sich im Frühnebel durch das Rapsfeld von dannen – so was muss man sich in unserer Dienstleistungsgesellschaft erst mal auf der Zunge zergehen lassen. Wer nur in geschlossenen Räumen und an Telefon und Computer seine gewissenhafte Arbeit verrichtet, der wird eben doch von der Sehnsucht nach archaischen Naturerlebnissen übermannt. Wären wir in Mexiko, würden wir wahrscheinlich in Höhlen tauchen, oder als Tiroler dem Ruf des Berges folgen und am Wochenende zum Steilwandkraxeln antreten. Aber all dies bringt uns keinen tatsächlichen Lohn. Was bleibt, sind bestenfalls die Erinnerungen und die photogeshoppten Bilder in unserer Facebook-Community.

Das Allermegacoolste bei der Jagd ist nämlich die Beute, die wir für den Kochtopf schießen. Ob Hirsch, Reh oder Wildschwein – natürlicher und ursprünglicher geht es kaum. Kochen liegt eh im Trend, und dann mit Wildbret, auf welches man selbst den Lauf gerichtet hat: bewusster genießen kann man nicht. Ohne industrielle Futtermittel, Medikamente und Antibiotika. Kein hormongedoptes Fleisch, was niemals einen Wald oder den Schnee gesehen, die Sonnenstrahlen auf den Borsten gespürt und sich im Matsch gesuhlt hat.

Jetzt wissen wir wieder, was uns auf den Teller kommt, und ganz nebenbei zeigen wir Caveman den Stinkefinger! Wild, das wir selbst erlegt haben, schleifen wir nämlich ganz allein in unsere Höhle. Zwar nicht mit links, aber irgendwie schaffen wir es schon. Wem es dabei allein ums Ballern geht, der nimmt nicht die Hürde von über hundert Stunden Theorieunterricht und der Jagdprüfung in sechs Fachbereichen.

Was das Jagdfieber bei den Jungjägerinnen auslöst, ist nicht die Pirsch auf den Mann, sondern ein tiefes, ja orgiastisches Erleben der Allmacht der Natur. Da ziehen wir sogar mit dem Wild gleich: Es frisst, was es will, und bewegt sich ein Leben lang an der frischen Luft. Das wollen wir auch. Einmal auf der Pirsch, sind wir ziemlich nah dran an einer Wildsau.

Da erlebt man die Natur mit allen Sinnen und spürt Dinge, die dem Städter verborgen bleiben. Die Landschaft kannten wir bislang doch nur als schnöde Kulisse, wenn wir mit dem Kopfhörer durch Feld und Flur radelten, doch auf der Jagd knüpfen wir an uralte Traditionen an.

Und hallo, wenn wir dann erst die Strecke mit dem Horn verblasen – für jedes Tier nämlich mit einem anderen Jagdhornsignal –, dann zeugt dies von Verehrung und Respekt für jede Kreatur. Wir huldigen Artemis, der Göttin der Jagd, Halbschwester der Aphrodite. Und eine Göttin wird auch »die rote Arbeit« am Kadaver nicht schrecken können.

Das ist der Unterschied zur modernen Nutztierhaltung. Keiner muss hier die erlegte Beute aus der Decke schlagen und zerteilen. Gäbe es den Jäger nicht, würden wir in unserer zersiedelten Kulturlandschaft an Schweinepest und Tollwut zugrunde gehen. Der Jäger reduziert bestimmte anpassungsfähige Arten, weil die natürlichen Feinde dieser Rassen durch Verkehr, Industrie und Siedlungen vertrieben worden sind. Die Wildnis haben wir selbst abgeschafft. Der Luchs, der Wolf, der Bär – sie wären nötig gewesen, um die Wildschweine in Schach zu halten, die bereits mit fünf Monaten geschlechtsreif sind, diese Schweine, ganzjährig rollig und sich permanent vervielfachen.

Für jeden Billigflug in die Südsee, jedes Handy, jede modische Jeans und jedes Billigschnitzel wird tagtäglich Raubbau und Ressourcenverschwendung betrieben. Wir Europäer verschwenden so viele Ressourcen, dass es vier Planeten bräuchte, wenn alle

Bewohner der Erde auf Kosten von Mensch und Tier so leben würden wie wir.

Und was für die einen Yoga ist, ist für die Jägerin das Revier. Sicher ist es nur noch eine Frage der Zeit, wann der Playboy auf diesen Trend aufspringt und die Miss Jagd zur Hirschbrunft nach Masuren einfliegt, damit sie angesichts der Pendelsau die Bluse öffnet, um dem Waidmann sein Heil zu bringen. Mit Gamsbart und Büchse, versteht sich. Und wenn die Vorzeigepüppi dann im hochangesehenen Interviewteil des Magazins sagt: »Nichts geht über eine Schalenjagd im Fels«, dann schnuppert Hugh Hefner endlich mal wieder Zeitgeist. Bei derlei Ambitionen wollen aber Opfer gebracht werden am Altar der Artemis. Zum Beispiel, indem man strikt auf Parfum verzichtet. Das wäre ein absolutes NoGo im Ansitz.

Das Jagdfieber ist eine Passion, die weder dümmer noch unattraktiver macht. Robust muss man sein und am besten feminin. Dann taugt man zum It-Girl der Jagdszene, welches die letzte Männerdomäne angreift, um mit geschulterter Waffe den Fünfundsiebzig-Kilo-Keiler früh um sieben im Maisfeld zu erlegen.

Für mich persönlich gibt es bei alldem aber noch einen Hauptgrund, ein schlagendes Motiv, um mich in die illustre Runde der Waidfrauen einzureihen: meinen wunderschönen Jagdhut mit langen Fasanenfedern!

Wenn ich damit das Jagdhorn blase, bis die Schwanzfedern zittern, werde ich magisch alle Blicke anziehen. Überhaupt anziehen: Das ist es doch, was unser Leben als Jägerin bereichern wird. Im Shoppen eröffnet sich uns eine völlig neue Dimension! Zur Drückjagd neu ausstaffiert anzutreten, ist einfach der Kick schlechthin. Funktionale Looks, mit denen wir mit dem Revier verschmelzen und trotzdem nicht mit einer rolligen Wildsau verwechselt werden, sprechen ihre eigene Sprache. Im Feld entdeckt man sein verborgenes Ich: Wer zur großkalibrigen Repetierbüchse greift, wird zünftig ausgestattet mit Steppwesten, Lederhosen, die Blutspritzer schadlos überstehen, in speckigen Westen, tweedigen Gehröcken, wetterfesten Lodenponchos und zickigen Kopfbedeckungen, die eine Antwort auf alle Girlies im rosa Partykleidchen liefern. Ohne High Heels sind wir noch attraktiver als mit.

Allein schon die Anschaffung der Waffe nebst Fernrohr beschert völlig neuen Lebensinhalt. Sich für die Treibjagd auszurüsten ist eben ein etwas anderes Kaliber, als bei Douglas ratlos vor dem Lippenstiftsortiment auf und ab zu schleichen.

Sei es der Drilling in Doppelflintenlauflänge, der Vorderlader mit stattlicher Schaftlänge oder eine Selbstladeflinte mit Kornsattel – Amateure sollten sich lieber nicht im Feld blicken lassen. Schnell kann man unter Beschuss geraten, wenn man mit der Bockbüchsenflinte auf Fasane losgeht. Was ist schon noch der Wert einer Hermès-Handtasche, wenn Luxuswaffen zum Preis eines Cabrios unsere Herzen höherschlagen lassen? Sei es der zünftige Filzhut, der Trachtenhut oder die rustikale Forstmütze, allein das orangerot leuchtende Signalband signalisiert, dass wir es ernst meinen und in Wald und Flur nicht als Dekoration verstanden werden wollen. Mit Waldkappe oder Damenfogger in Wetterfleckloden aufzukreuzen, die Büchse zu schultern, das Projektil am Gürtel, und sich lässigen Schrittes in schweren Schnürstiefeln in der knallengen Hirschlederhose auf der Hütte zu zeigen, reicht schon, um die so ziemlich letzte Männerdomäne aufzumischen. Im Small Talk mit Wirtschaftsbossen, Industriellen und ambitioniertem Adel sollte man dann lässig im Nebensatz fallen lassen, dass man als Dirigentin tätig ist: So wenig braucht es, damit Männer aus den Latschen kippen. Einfach die ehemaligen, angestammten Bastionen übernehmen, und die Kerle werden sehr schnell in Deckung gehen. Wenn dann die Waidfrau, gar nicht zimperlich, noch mit Stolz die Strecke verbläst und es den Männern ehrlich gleichtut, dann vermittelt sich für alle Welt eine Botschaft, die sich gewaschen hat: Im Revier gibt es nur ein Geschoss, und das sind Sie! Ach was, man braucht nicht mal zu blasen, für mich heißt es, einfach mitgehen und am Hochsitz lauschen, da wissen eh alle, dass ich eine Kanone bin. Wenn ich einen kapitalen Burschen erlegen will, muss ich nur diesen grünen Hut mit den langen Fasanenfedern aufsetzen. Schon fallen die alten Böcke reihenweise um, ohne dass ich den Finger krumm mache!

Wenn ich als La Nick jetzt noch den Jagdschein hätte, dann könnten die alle ihr Testament machen. Mit dem Lappen in der Tasche hätte ich garantiert schon längst meinen Lebenshirsch abgeschossen.

15 Über Hass, Neid und all die lieben Freundinnen

Alles, woran die meisten immer geglaubt haben, jedenfalls all jene, die jetzt über vierzig sind, bricht gerade weg. Viele verschließen die Augen davor, dass kein Stein auf dem anderen geblieben ist. Das Fernsehen ist durch. Sein TV-Programm baut sich jeder selbst, wie er es haben möchte, und empfängt es per Streaming. Mein Laptop hat keinen Eingang für die DVD mehr – Hilfe!

Bald lenken sich Autos von selbst, parken ein, ohne dass wir mitwirken, Millionen von Jobs werden nicht mehr benötigt, Zeitungen werden abgeschafft, Länder gehen unter, Krebs existiert nicht mehr, Festnetzanschlüsse werden stillgelegt, Haustelefone abgeschafft, Sechzigjährige gebären Kinder, Hormonbehandlungen und Psychopharmaka kappen unsere Gefühlsbandbreite, und der gottverdammte Flimmerkasten bleibt aus. Die großen flachen Bildschirme mit dem Riesenscreen kosten ja auch deswegen nichts mehr, weil sie keiner haben will. Man schmeißt sie uns nach, aber wir wollen sie trotzdem nicht.

Angesichts dieser Quantensprünge implodiert gerade die Welt der Kinder der Disco-Ära. »I will survive« verspricht keinen Trost mehr. Die Village People und »YMCA« laufen beim Rentnerrock im betreuten Wohnen. Die Entwicklungsschübe da draußen schreiten so rasant voran, dass die Angst vor dem Neuen, Unbekannten die meisten Menschen überfordert. Also müssen Nebenkriegsschauplätze geschaffen werden, an die der Mensch sich halten kann: Einer muss ja schuld sein. Deshalb brauchen wir Feindbilder und

Gegner, die leicht zu benennen sind! Am besten Randgruppen, Homosexuelle, Flüchtlinge, die Linken, die Regierung, die Ausländer, die Männer, die Frauen, die Mütter – vielleicht sogar die Gutmenschen?

Die Lage der Nation muss geklärt werden, und man verlangt nach Gruppierungen, Institutionen und Parteien, Religionen und Bevölkerungsgruppen, die gehasst werden dürfen. Ganz legal gehasst. Eindeutige Feindbilder halt.

Das diffus Neue sorgt allseits für Verwirrung, ist ein Angriff aufs antiquierte Denken, und viele, die sich einst bequem eingerichtet hatten in ihrem Trott, ringen nun um die Bewahrung alter Gewohnheiten und Werte.

Wenn wir uns als Nation an nichts mehr halten können, muss es Verantwortliche geben für das Dilemma. Na super, wo eine Schuldfrage zu klären ist, wird man ja wohl wenigstens noch politisch korrekt hassen dürfen. Der Hass wird auch geschürt, und es ist gut, wenn Gleichgesinnte sich im Hass vereinen, denn dann fühlen sie sich weniger allein. Eine Heimat im Hass zu finden ist für manche Menschen leichter zu ertragen als die Einsamkeit. Wenn das Volk erst auf die Straße geht und sich Extremisten zusammenrotten, ist das auch willkommen, denn wer mit Mistgabeln aufeinander losgeht, kann nicht mehr klar denken. Und wer nicht durchblickt, ist benebelt und leicht steuerbar. Kampfunfähig. Kollabiert angesichts der hochkompetitiven Gesellschaft, die wir selbst erschaffen haben.

Nein, nein, das wird nichts mehr werden mit dem guten alten Handwerk. Die Zirbelstube entspringt nicht mehr dem Erzgebirge, sondern sie stammt aus China. So viel schnitzen kann ja gar keiner, wenn man mit Millionen bunter Weihnachtspyramiden und Kobolden aus deutschen Landen alle fünf Kontinente versorgen will.

Die glücklichen Dörfer, in denen man sich kennt und Kühe melkt, sind ausgestorben, weil die Jugend in die Städte flüchtet. Bald ist die ganze Welt ein einziges globalisiertes Silicon Valley.

Wer die Macht hat, gibt sich volksnah. Wer nicht mitzieht, wird einfach von der Gesellschaft, den Gesetzen, den Umständen überrollt und plattgemacht. Nicht auf Zack zu sein wird heutzutage bitter bestraft.

Diese ganzen Hater, all die Menschen, die verbittert irgendwen hassen wollen, merken gar nicht, dass das, wofür sie angeblich kämpfen, schon seit einiger Zeit gar nicht mehr existiert.

Deshalb müssen Feindbilder die Antworten liefern.

Wer stellt sich zur Verfügung? Ein besonderer Leckerbissen sind stets öffentliche Figuren, die kontrovers sind. Die sich nicht in eine Schublade zwängen lassen, die Wahrheit sagen und sich nicht groß darum scheren, ob man sie nun leiden kann oder nicht. Die nicht um jeden Preis gefallen wollen und sich auch nicht verbiegen lassen. Wenn es darum geht, wer schuld ist, komme ich gerade recht. Noch dazu mit der Berliner Schnauze!

Mich kann man wunderbar hassen. Ein Thema, das mir wohlvertraut ist, bin ich doch eine Provokation an die Dummheit, die Feigheit als solche und eine Steilvorlage für vielerlei Spekulationen und Gerüchte. Und ganz besonders emotional wird's, wenn sich Frauen untereinander hassen! Okay, ich übernehme den Job: Ich bin schuld, wenn schlechte, talentlose Schauspielerinnen mit dicken Lippen eine Karriere, die es nie gab, an den Nagel hängen müssen. Ich bin schuld, wenn »Wetten, dass …?« nicht mehr läuft, weil meine Arme zu lang sind, wenn Formate abgesetzt werden, für die ich als Notnagel engagiert worden bin, wenn Köpfe rollen und Magazine, ach was, wenn das Fernsehen als solches vom Markt verschwindet.

Es gibt eine ganze Menge Leute, die rot anlaufen, wenn sie meinen Namen hören, wie Rumpelstilzchen aufstampfen und sich mitten entzweireißen.

Das sind die harmlosen. Die versteckten, grinsenden, wohlondulierten, immer matt abgepuderten berufslosen It-Girls hingegen, die über die Hartz-IV-Partyszene juckeln, das sind die Frauen, die das Beweismaterial dafür liefern, dass wir Mädels niemals den

Zusammenhalt von alteingesessenen Männerseilschaften entwickeln werden. Frauen halten nicht wirklich zusammen. Sie tun nur so. Und wenn es dann um die eine Banane im Dschungel geht, dann wird die – hat man sie einmal ergattert – nicht etwa aufgeteilt, sondern sich selbst bis zum Anschlag in den Rachen gerammt. Das Heititei und »Schätzelchen-Getue« geht mir so was von auf den Sack!

Das ist nämlich so ein Frauending, das schon immer die Literatur gespeist hat: Neid, Eifersucht, Missgunst, Racheakte ... die griechische Mythologie ist voll von klassischen Frauenthemen. Allein schon die Sache mit den Frauenfreundschaften: Sie funktionieren eine Weile, solange sie den eigenen Interessen dienen und die Lebensphase sich deckt. Es gibt die Freundinnen aus der Schwangerschaftsberatung, aus der Krabbelgruppe, vom Spielplatz, aus dem Kindergarten, von den Schulfreundschaften, den Müttertreffs, und wehe, wenn ein Kind dann schlauer ist als die anderen. Wehe, wenn es mit fliegenden Fahnen flügge wird und andere übertrumpft. Wenn ihm gelingt, wonach die anderen ringen. Wenn man schwarz auf weiß bescheinigt kriegt, dass man ein Genie großgezogen hat, das stabile Mittelmaß oder einen Querschläger, der sich nicht zähmen lässt.

Lob und Zuspruch gibt's woanders, aber nicht bei den »Freundinnen«. Genauso ist es, wenn die Lebensabschnitte sich ändern: Eine Busenfreundin, mit der man mit Ende zwanzig den ganzen Katzenjammer über die treulosen Männer durchgekaut hat, mag verheiratet und Mutter dreier Kinder geworden sein und wird nicht das geringste Interesse daran haben, sich über Karriere und den Alltag Alleinerziehender auszutauschen. Freundinnen, die immer die liebe Ratgeberin waren, zur Seite standen, wenn man sie brauchte, wenden sich ab, wenn das Leben ihre altklugen Hausfrauen-Prognosen widerlegt.

Frauenfreundschaften halten Veränderungen, Entwicklungen, Wachstum schwer aus. Solange alles immer dieselbe Soße ist, funktioniert es wunderbar. Aber wehe, die eine lebt jahrelang im

Ausland, bereist die Welt, heiratet einen Piloten, und die andere bleibt ihrem überschaubaren Alltag in der Verwaltung treu. Mädels mögen nicht, wenn eine sich auf und davon macht. Sie fühlen sich dann als die Pechmarie. Freundinnen erwarten, dass es beiden immer gleich geht. Deshalb gehen wir ja auch zusammen aufs Klo. Schlafen gemeinsam in einem Bett, tauschen die Unterwäsche, leihen uns gegenseitig Klamotten, kämmen uns die Haare und helfen einander mit den Tampons aus. Die eine will sein wie die andere. Solange das klappt, fühlen wir uns befreundet. Aber wehe, die eine kriegt die Schlagsahne vom Kuchen und wir gehen leer aus. Wenn geheiratet wird, ist es eh aus. Dann kommen die Kinder, und alle Erinnerungen an die Busenfreundin wehen im Wind davon. Einige wohlvertraute Bräute haben sich bei mir einfach nie wieder gemeldet.

Mit Luxusfreundinnen klappt es meistens sehr gut, denn solange beide im Schlaraffenland leben, gibt es ja auch keinen Anlass für Neid und Missgunst. Kippen wird es erst, wenn sich eine Schieflage auftut, weil eine der beiden nicht mithalten kann, ins Hintertreffen gerät und als arme Verwandtschaft herhalten muss. Und immer wieder der Neid auf die Labels und Klamotten und Tennisschläger und Urlaube und Hobbys und Pferde und Schulnoten der anderen.

Die Freundschaften trennen sich sowieso, wenn sich automatisch die Weichen für die Zukunft stellen. Lob hört man selten, wenn es gut läuft. Schnell wird das Thema gewechselt, wenn die Antworten besser ausfallen als erwartet. Sich für die anderen zu freuen, es ihnen zu gönnen, das scheint für Frauen eine unüberwindbare Hürde zu sein. Es gelingt nur dann, wenn es ihnen selbst gut oder auch besser geht. Aber zurückzustehen und dennoch sagen zu können, »es sei dir von Herzen gegönnt«, das schafft kaum eine. Dieser Wettbewerb, wer die besseren Kinder, die besseren Handtaschen, die besseren Schuhe, Autos, Reisen und Männer hat, stärkt Frauenfreundschaften keineswegs. Auch der Beziehungsstatus sollte identisch bleiben. Geht die eine fremd, ist plötzlich eine andere, die auch fremdgeht, die beste Freundin.

Offenbar betrachten sich Frauen tatsächlich gerne wie in einem Spiegel. Die beste Freundin soll fühlen, empfinden, leben, lieben und kämpfen wie wir. Freundinnen mit Scheißkerlen haben auch immer andere Freundinnen mit Scheißkerlen am Hals. Geschiedene rotten sich mit anderen Scheidungsfällen zusammen. Unsere Themen sollen die gleichen sein, wir suchen nach Bestätigung, und wieso soll es einer anderen besser gehen als uns, wenn wir schon beschissen dran sind?

Und dann erst das jähe Ende all der »besten Freundinnen«, sobald ein Lover einreitet … Da hat man alle Höhen und Tiefen geteilt, sich offenbart und preisgegeben, die Pickel und Warzen gezeigt, und kaum steht ein Traummann vor der Tür, flupp, wird man deleted. Ausgelöscht aus dem Bewusstsein. Keine Geburtstagsgrüße mehr, kein Anruf zum Wochenende, alle Weiberrunden vergessen. Ein Kerl ist aufgeschlagen, der Wahnsinn bricht los, und die einstige beste Freundin ist irgendwie nur noch Sperrgut. Stört. Simst im falschen Moment. Ruft an, wenn man gerade in der Kiste liegt, nervt mit ihren Postings von den Cupcakes, die sie gebacken hat. Außer, sie muss Alibis beschaffen, sich vor irgendeinen Karren spannen lassen, Komplotte einfädeln, Rückendeckung liefern. Dann wird sie wieder hervorgekramt und gebraucht.

Oder sie muss zur Stelle sein, wenn der große Katzenjammer ausbricht und man keinen anderen hat, der einen mit verschmierter Wimperntusche kennt. Dann werden wieder die Bademäntel angezogen und gegenseitig die Augenbrauen gezupft, die Gurkenmasken aufgelegt und ein Proseccochen auf alle Schweine, Schlawiner und Herzensbrecher, Schürzenjäger und Hallodris dieser Welt getrunken.

Hier schlummert der Wesenskern, der die Männerbünde immer von Frauenbastionen unterscheiden wird: Frauen neiden anderen Frauen den – wohlverdienten, hart erkämpften – Erfolg. Männer gratulieren sich, halten zusammen und bilden Seilschaften, bei denen einer den anderen trägt und mitzieht. Frauen müssen gönnen lernen. Bei Shopping Queen schlichen vier schmallippige, verkniffene Mädels mit falschen Haaren, falschen Nägeln, falschen Wimpern, falschen Brüsten durch mein Haus und sind regelrecht grün angelaufen. Ich schwöre, sie hatten Schaum vorm Mund. Das edle Backwerk wurde angewidert beiseitegeschoben, die Konversation erlosch, es wurde stur und starr vor sich hin und schweigend auf den Fußboden gestarrt. Dann wurden sich die Lippen nachgezogen und die Nase gepudert. Gefühlte zweihundert Mal.

Alle vier wären lieber tot umgefallen, als dass sie gesagt hätten: »Du hast es aber nett hier!« Die Augen wurden zu Sehschlitzen und der Kaffee kaum angerührt. Eine Tischdecke hatten einige der Mädels wohl noch nie gesehen, auch keine Tasse mit Unterteller. An einer netten Kaffeetafel zu sitzen war für die Truppe wie Sciencefiction. Ja, ich habe viele Neider. Wohl weil ich unabhängig bin, mein Geld nicht durch Scheidungen, Besetzungscouch, Machenschaften oder Liebhaber erworben habe, meinen prominenten Freundeskreis nicht zu Kapital mache, keine Verräterin bin, einen wohlgeratenen Sohn habe und in der Mitte des Lebens nicht aus dem Leim gegangen und Alkoholikerin geworden bin. Ich zahle Steuern und habe keine Leichen im Keller. Allerdings bin ich auch immer wieder ein Magnet für schräge und verlorene Typen, die sich an mich hängen. Aber die machen dann auch bald wieder den Abflug. Meine Kapazitäten reichen nicht aus, anderes Elend mitzutragen, das gebe ich offen zu.

Die gut gelungenen, erfolgreichen Aspekte meines Lebens, das alles sind Dinge, die bleiben lieber unerwähnt, werden unter den Teppich gekehrt. Die Frage, warum ich seit fünfunddreißig Jahren stabil erfolgreich als Künstlerin bin, erhält keine Antwort. Die Antwort muss verschwiegen werden. Das Schöne ist, meine Fans geben mir die Antwort, und sie wissen das alles. Auch das, was ich nie ausgesprochen habe, erahnen sie. Sie machen sich ihr Bild, und meistens ist es richtig. Und die echten, alten Freundinnen, die schlagen auf, auch wenn man sich Jahre nicht gesehen hat, und man macht genau dort weiter, wo man aufgehört hat. Da können Jahre dazwischenliegen, aber es fühlt sich an wie gestern. Als wären sie nie weg gewesen. Die Entwicklung des Lebens, die Wirrnisse, all das, was nicht nach Plan gelaufen ist, miteinander durchzustehen, das ist es, was echte Frauenfreundschaft ausmacht. Frauen untereinander sind ein harter Brocken. Sie sind wie Katzen, die auf Samtpfoten angeschlichen kommen und sobald die Kuschelstunde vorbei ist die Krallen ausfahren und mit einem einzigen Satz zum Killer werden können.

Deswegen sind die Freundinnen, die man gerettet hat, die einen tatsächlich begleiten, umso kostbarer. Sie sind wie Juwelen, Glanzlichter in der Biografie, wie Satelliten, die ihre Bahn ziehen und den Lebensweg ausleuchten. Man vermisst sie, wenn sie drohen, verloren zu gehen, man versteht sie, wenn sie schweigen und schmollen wollen, man scheißt drauf, wenn sie hässlich und unfrisiert sind, man liebt und achtet sie dafür, dass sie ihr wahres Gesicht zeigen.

Ich würde nie alle Männer und Frauen über einen Kamm scheren. Aber tendenziell streiten die Kerle viel besser als die Frauen. Sie schießen direkt und scharf zurück, manchmal aber auch am Ziel vorbei. Das würden Frauenfreundschaften nie aushalten. Da wird dann doch lieber gejammert, geflennt und gemobbt. Hinterrücks und feige. Von hinten durch die Brust ins Auge. Frauen können die Wahrheit schlecht ertragen. Sie winden sich gerne heraus und suchen den Weg des geringsten Widerstands. Die Kerle gehen einen saufen, stellen eine Flasche Wodka auf den Tisch, und danach ist die Kuh vom Eis. Großartig!

Frauen ertragen einen Streit still, fressen gerne in sich hinein und warten oft auch zu lange, bis sie überhaupt in die Konfrontation gehen. Das birgt jedoch die Gefahr, dass in die Auseinandersetzung aufgestaute Emotionen eingebracht werden und die Situation dadurch unnötig eskaliert.

Wer nicht fähig ist, Konflikte zu lösen, wird keine langen Freundschaften pflegen, geschweige denn Führungspositionen einnehmen können. Nur krisenerprobte Menschen sind in der Lage, Unternehmen zu steuern. Frauen in Führungspositionen sind und bleiben leider eine Ausnahme.

Das ist mit Sicherheit alteingefahrenen Netzwerken geschuldet, aber eben auch unserer Natur. Geschlecht hin, Geschlecht her.

Frau Merkel mag die These widerlegen, dass Erfolg sexy macht, aber sie hat nie geflennt und immer stramm ihren Mann gestanden wie ein Feldwebel. Nicht ein Formtief in zehn Jahren. Sie ist ein echter Kerl und hat wirklich Eier in der Hose, das muss man schon sagen. Hut ab. Und ihren Gänsebraten macht sie immer noch selbst. Vielleicht hat sie ja eine Busenfreundin mit trittfestem Schuhwerk, die ihr dabei hilft und hinterher den Herd sauber macht. Es sei Angie zu gönnen, dass sie dann und wann das Mädchen in sich reanimiert. Aber von der Lebensleistung unserer Bundeskanzlerin, der mächtigsten Frau der Welt, kann man sich als Tussi schon eine Scheibe abschneiden! Sie hat allen bewiesen, dass Frauenkarrieren gelingen können, ohne Besetzungscouch, ohne Stilettos und ohne das alte Mantra: Optik, Optik, Optik. Angie – eine Babyboomerin – hat uns alle von dem Klischee befreit, dass die Verpackung mehr zählt als der Inhalt. Wir müssen der Frau echt dankbar sein. Und so, wie sie linke Politik macht, ist sie eigentlich eine Emanze!

16 Wenn meine Glocken läuten

Als Champion der Wahrheit möchte ich mir erlauben, endlich selbst eine Frage zu beantworten, über die gerne spekuliert wird: »Madame La Nick, warum sind Sie Single?« Meine Antwort fällt knapp aus: Die Performance aller meiner Liebhaber außerhalb des Bettes hat nie an die Performance innerhalb des Bettes herangereicht.

Erotisch konnte ich beispielsweise dem Vater meines Sohnes niemals einen Vorwurf machen, nur hat er sich eben jenseits dieses Beitrages als Katastrophe erwiesen.

Würde man die allgemeine Männerperformance mit Schulnoten versehen, so würde ich die Leistung auf der Matratze mit Note Eins bewerten und die außerhalb des Bettes – und hiermit sei schon bewertet, wie das Bad hinterlassen oder Frühstück zubereitet wird – mit Sechs. Damit ist eigentlich alles gesagt.

So gern ich das Konzept Mann auch habe, nichts kann darüber hinwegtäuschen, dass die Grenzen der Belastbarkeit bei den Sägern und Rammlern bereits erreicht sind, wenn es nur um die Gestaltung der Feiertage geht. Und diese sind nur ein Synonym für Festlichkeiten im Allgemeinen. Hier blicken wir auf ein klaffendes Gefälle, ja auf Abgründe der Unvereinbarkeit von männlichen und weiblichen Interessen, so gleichberechtigt wir uns auch fühlen mögen. Alles, worauf sich die Welt an den Feiertagen besinnt, entspringt weiblichen Gefühlswerten.

Selbst der gebildetste und intelligenteste Mann wird nicht in der Lage sein, ein anheimelndes, liebevolles, gemütvolles Weihnachtsfest zu organisieren. Oder im Hasenkostüm Eier zu bemalen und Gedichte einzustudieren.

Im Notfall bleibt Männern in solchen Momenten, wo sie tatsächlich mit ihren gemütsbildenden Defiziten konfrontiert werden, nichts weiter übrig, als die Kreditkarte zu zücken und den ganzen Budenzauber zu simulieren: indem sie ein Wellnesshotel reservieren, einen schönen Tisch im Ritz-Carlton buchen, auf eine Kreuzfahrt bzw. eine exotische Fernreise ausweichen oder sich und die Familie in einem perfekt dekorierten Alpenresort einmieten. Dies ist natürlich das Allerbeste: sich in den Wintersport zu stürzen und damit wieder eine männliche Domäne in den Mittelpunkt, zum Beispiel als Tourenführer, zu rücken.

Und wenn man so verwöhnt wird, darf man sich natürlich auch nicht beschweren. Denn wer sich mit der ganzen Familie in Klosters, Gstaad, St. Moritz oder Kitzbühel, Tirol, dem Erzgebirge oder dem Arlberg zur Hauptsaison einmietet und die ganze harte Arbeit für teuer Geld dem Fachpersonal überlässt, der stellt als Säger und Rammler das obere Ende der Nahrungskette dar. Das Beste, was ein Mann machen kann. Egal, wie alt, sportlich oder attraktiv sie sein mögen, bei mir muss ein Mann nur so fit sein, dass er mit der Hand bis an sein Portemonnaie kommt.

Wohl dem, der nicht rechnen muss, nach dem vierten Advent den Hammer fallen lassen kann und die Skiausrüstung schon mal als Sperrgepäck vorwegtransportieren lässt. Eine SMS an den Skilehrer, dass es wieder so weit ist, und dann läuft alles wie von selbst. So muss Weihnachten sein – auch für uns als Hausfrauen, die einmal im Jahr verwöhnt werden und ausruhen wollen, statt zu den Feiertagen mit hochrotem Kopf über den Kochtöpfen zu kollabieren.

Aber aus Herrschaften, die ins eigene Chalet umsiedeln, besteht nun mal nicht unsere Welt. Müssen wir doch eher davon ausgehen, selber das Ruder in die Hand zu nehmen, um das Fest der Liebe voller Tatendrang und Gestaltungskraft zu organisieren. Und nicht nur hier macht sich der Mann aus dem Staub, sondern er scheitert auch an Ostern und an den Kindergeburtstagen. Warum eigentlich? Liebevoll durch die Geschäfte zu schlendern, um Girlanden, Postkarten und Lichterketten auszusuchen, die Planung eines Menüs, stimmungsvolle Tischdekoration, um das Haus in völlig neuem Glanz erstrahlen zu lassen, erfordert wohl eine Feinmotorik und Liebe zum Detail, die Männern abgeht. »Seasons greetings« geht oft mit Jahresenddebatten und einem generellen Showdown im Nörgeln einher.

Aus diesem Grunde hat das Weihnachtsfest die Welt in zwei Lager gespalten: entweder man liebt oder man hasst es. Denn die Feiertage bringen bei Freunden und Verwandtschaft, auch bei den Sägern und Rammlern, das Beste und das Schlechteste zum Vorschein, wobei sich das eine vom anderen oftmals schwer unterscheiden lässt.

So sehr der Gänsebraten, die Klöße, der Rotkohl und all die saisonalen Leckereien herbeigesehnt werden, keinem heterosexuellen Kerl fällt es ein, dafür zuständig zu sein. Die ganze Arbeit abzuwälzen würde natürlich politisch inkorrekt daherkommen, sodass Männer dann eine Art der »Pseudohilfe« anbieten, die sich auf Getränkeorganisation, das Aufstocken der Bar, Müllentsorgung und das Aufstellen bzw. Anschaffen des Weihnachtsbaumes beschränkt. Gut, das mögen Arbeiten sein, die durchaus ein Kraftakt sind, aber sie dienen auch dazu, zu kaschieren, dass es zur feinstofflichen und sensiblen Hingabe an die Sache als solche eben nicht reicht.

Schleifen binden zum Beispiel. Servietten falten. Hübsch das Lametta durchkämmen und effektvoll am Baum dekorieren. Die vierundzwanzig Säckchen, die den Adventskalender darstellen, mit Überraschungen und Leckerlis für die Kids befüllen und das Treppengeländer mit Tannengirlanden einzukleiden.

Die Tafel eindecken, mit kleinen Figürchen und Lichterengelchen … Männer, die sich dazu animiert sehen, hier kreativ zu werden, stehen kurz vorm Coming-out. Und Achtung: Bisexualität ist nichts weiter als eine Raststätte auf dem Weg nach Gaytown!

Weihnachten bedeutet auch Panik bei jenen, deren Zuhause eigentlich das Büro geworden ist und die es gar nicht mehr gewöhnt sind, rund um die Uhr im Schoß der Familie aufgehoben zu sein: Unterschiedliche Auffassungen sorgen frühzeitig für Debatten darüber, wie man der Schwiegerfamilie aus dem Wege geht. Ja, auch ob man überhaupt Freunde, Gäste oder Verwandte teilhaben lässt und einladen soll oder das Spektakel doch nicht lieber auf das Beisammensein im engsten Kreis mit Frau und Kindern beschränkt, maximal noch eine hilflose Oma dazuholt, birgt Sprengstoff und das Risiko auf ein bis Ostern andauerndes Stimmungstief.

Weihnachten dient doch jenseits aller Religiosität dazu, als Fest der Liebe verstanden zu werden, bei dem man sich jenen zuwendet, die einem ans Herz gewachsen sind oder denen man sich jedenfalls liebevoll zuwenden sollte. Niemand darf vergessen werden. Meinen Silberfischen werfe ich im Advent immer einen vermoderten Waschlappen hinters Klo, damit auch sie merken: Die schönste Zeit des Jahres ist wieder da.

Bei genauer Betrachtung muss man sagen: Die Mehrzahl aller Säger und Rammler tendiert dazu, den Familienstammbaum schon an der ersten Generationsstufe brutal zu kappen. Eltern und Kinder werden noch geduldet, aber schon gegenüber der Cousinage bleibt die Tür geschlossen. In den Wohnstuben des Landes prallt die Milde der Ladies, die gerne das Haus für Freunde, Freunde von Freunden und die weitere Verwandtschaft öffnen würden, auf das bremsende Nein der Rammler.

Als die besser organisierte und einfühlsamere Hälfte eines Paares wird die Ehefrau das prekäre Thema der Gestaltung des Weihnachtsfestes circa Mitte Oktober ansprechen, womit die Schlacht eröffnet ist.

Taktgefühl und Etikette sind überhaupt nur erfunden worden, um Krisenherde abzufedern und Meinungsverschiedenheiten durch Wahrung der Grenzen im Rahmen zu halten. Für Charakter und gute Manieren ist der Advent die Hardcore-Teststrecke, denn es heißt auf Teufel komm raus, Gerechtigkeit walten zu lassen und Gefühle nicht zu verletzen. Sieht zum Beispiel nur die eine Seite der Verwandtschaft die Enkelkinder zu den Feiertagen, so heißt es, dies durch irgendeine Art von nobler Geste »wiedergutzumachen«.

Bei einem Weihnachtsessen mit Parteien, die unvereinbar sind, muss dann eben mindestens ein Nachmittagskaffee oder Drink organisiert werden, sodass nach einem schnellen Sherry oder Champagner eine Anschlusseinladung die Brücke bildet und die Stippvisite eines eher unerwünschten Pflichtgastes auf ein Minimum begrenzt wird.

Manche Paare versuchen das explosive Thema der buckligen Verwandtschaft auch dadurch in den Griff zu bekommen, dass sie eine nüchtern mathematische Herangehensweise walten lassen, indem sie sich beispielsweise ein Jahr ums andere zwischen den Besuchen bei Schwiegereltern abwechseln. Andere, die jede Menge Gästezimmer und Engelsgeduld besitzen, mögen vielleicht die gesamte Sippschaft jedes Jahr aufnehmen und rigide die Zuständigkeiten einteilen. Das Schöne an dieser Methode ist der Vorteil, dass man sich nach einem solchen Marathon mit gutem Gewissen für das nächste halbe Jahr von allen familiären Verpflichtungen verabschieden und auf der erbrachten Wohltat ausruhen kann – mit dem hausfraulichen Einsatz, der gesamten Sippschaft besinnliche Feiertage geboten zu haben, sind außerdem alle Animositäten des vergangenen Jahres abgegolten. Es kann einer Buße gleichkommen, die Verwandtschaft tagelang zu bespaßen und zu füttern, der Nachteil an dieser Familienpolitik ist nur, dass man die Geduld einer Heiligen und das Drinks Cabinet des Ritz-Carlton haben muss.

Nicht zu vergessen ist auch, dass wahrlich nicht jedermann die Feiertage liebt. Für manche Leute mit fragilen familiären Beziehungen ist es einfach besser, gar nicht zu feiern und sich voller

Elan beruflich verplanen zu lassen, sei es als Purser, Pilot, Steward, Gastronom, Arzt, Hotelier, Polizist, Feuerwehrmann oder Busfahrer. Dabei verliert so mancher weniger Nerven als über familiären Spannungen, zu deren Schlichtungen man den Beistand der Vereinten Nationen suchen müsste.

Weihnachten in der Epoche der sozialen Netzwerke ist nämlich nicht nur sowieso eine völlig neue Dimension, sondern eine Welt nach dem Geschmack der Säger und Rammler geworden: Ihnen macht es gar nichts aus, auf ihrer Bohrinsel von weißen Weihnachten zu träumen, denn der beste Freund – nämlich der Laptop – ist immer nah. Ist es nicht die sauberste und pragmatischste Lösung, die besinnlichsten Stunden des Jahres mit seinen fünftausend Freunden ganz einfach vorm iPhone zu verbringen? Hier lassen sich Songs posten, in denen die Stimme anderer vermittelt, wie wir vom weißen Weihnachten träumen, hier kann man Rentiere tanzen lassen, Grußkarten installieren oder Karaokevorstellungen für die Ewigkeit geben.

Ich für meinen Teil blockiere jeden auf FB, der mich Mitte Juni daran erinnert, dass in sechsundzwanzig Wochen bereits wieder Weihnachten ist.

Inzwischen habe ich wirklich jede Art des Festes kennengelernt und komme zu dem Schluss, dass selbst ein Fest mit den ans Herz gewachsenen Freunden auch seine Tücken haben kann. Die Erwartungen sind hoch. Ist man wirklich eingeladen worden, weil man überarbeitet ist und nicht im Kreise der eigenen Verwandtschaft zu feiern vermag, dann muss man Regeln einhalten: immer abreisen, bevor man auf die Nerven geht, für alle Beteiligten sehr gute und teure Geschenke mitbringen, außerordentlich zur Hand gehen und Hilfe anbieten, und zwar nicht bei den glamourösen Tätigkeiten, sondern bei den Sklavenarbeiten. Also eher den Abwasch machen und die Küche feucht durchwischen, als den Truthahn aufschneiden. Kinder von Freunden gilt es mit Engelsgeduld zu bespaßen, ohne ihnen Süßwaren mitzubringen, die dank des

Zuckers und der Chemikalien dafür sorgen, dass sie wie auf Speed oder Crack durchs Haus fegen. Das Schlimmste, was einem mit Kindern überhaupt passieren kann, wäre jedoch, irgendwelche elektronischen Geschenke zu überreichen, ohne an die Batterien gedacht zu haben. Fliegende Helikopter zum Beispiel, die über eine Minibatterie mobilisiert werden, welche nun mal nicht dabei ist. Die Bande wird durchdrehen, hochaggressive Schreikrämpfe mit Schaum vorm Mund kriegen und einen Hexe nennen, weil man mit der Geduldsprobe ein infantiles Nervenkostüm über Gebühr strapaziert. Die Gastgeber werden einen solchen Fauxpas nie verzeihen!

Hat man wirklich Beziehungsprobleme, gibt es nur zwei Möglichkeiten: entweder allen Feierlichkeiten aus dem Wege gehen oder einen Friedenspakt über die Feiertage schließen und den Schein wahren. Es ist nämlich sehr unfair, wenn an besinnlichen Festtagen andere dazu eingeladen werden, an den Ausgrabungen aller verdrängten Konflikte und Frustrationen teilzuhaben und möglichst noch Partei zu ergreifen. Schließlich gibt es auch die Weihnachtstage mit dem ganz großen Drama, wo sich heulend in Schlafzimmer oder Bad verbarrikadiert wird, die Teller fliegen und die Stunde der Wahrheit geschlagen hat.

Gibt man die große Gastgeberin, sollte man vorbereitet sein und die Schublade mit den Notgeschenken gut gefüllt haben. Seien es Duftkerzen, Badeessenzen, Kalender fürs neue Jahr, weihnachtliche Witzpullover oder Tannenbaumhüte: Es kann auf Weihnachtspartys immer jemand auftauchen, für den man ein Präsent parat halten sollte. Wer friedvolle Feiertage erleben will, sollte die Säger und Rammler an den Feiertagen nicht überfordern, sondern die Ansprüche auf Unterstützung auf das reduzieren, was sie am besten können: kleine Reparaturarbeiten mit der Laubsäge, schweres Gerät wuchten, Bäume aufstellen, Holz hacken, bei Stromausfall in den Keller gehen und dort nach dem Rechten sehen, das

Weinregal aufstocken, Wasserkisten schleppen, Champagner kühlen, öffnen, ausschenken, Altglas entsorgen, Bierfässer rollen, Whisky nachschenken.

Zu mehr ist der Mann eben nicht zu gebrauchen.

Und nun zur Politik der Geschenke. Dem weitverbreiteten Kardinalfehler, als Dank für die Preziosen, Juwelen und gut gemeinten Geschenke des Liebsten Freude zu heucheln, wenn diese nicht 100 Prozent dem Geschmack entsprechen, sollte man zu Beginn des 21. Jahrhunderts ein Ende bereiten, denn man schneidet sich ins eigene Fleisch. Aus dem guten Glauben heraus, dass der unschöne Ring, die Ohrringe, die man gar nicht haben wollte, oder die Uhr, die man niemals selber ausgesucht hätte, weil sie einem nicht steht, von Herzen kommen, liefert man eine oscarreife Performance sentimentaler Dankbarkeit. Selbst schmallippige Steuerfachgehilfinnen entwickeln plötzlich schauspielerische Talente, wenn sie mit einem Glitzern in den Augen hauchen: »Das ist das Schönste, was ich je im Leben bekommen habe, vielen, vielen Dank, du hast mir damit so eine Freude gemacht!«

Die geheuchelte Dankbarkeit wird uns treffen wie ein Bumerang, wenn wir im nächsten Jahr eine ähnliche Geschmacklosigkeit in ähnlicher Form überreicht bekommen.

Deshalb sollte man sich wahrlich davon emanzipieren, auf Schuhe und Handtaschen zu warten, die man von Männern geschenkt bekommt, welche keine schwulen Designer sind.

Männer wissen nicht, was Frauen steht, kennen nicht die Finessen der Modesprache und sind in den seltensten Fällen stilsicher. Sie nehmen halt irgendwas, aber nur als Momentaufnahme, vielleicht sogar, weil es nicht mal hässlich ist, können es aber nicht als Bestandteil eines Gesamt-Outfits und modischen Konzeptes in die Gesamtheit Ihres Kleiderschrankes integrieren. Also erwarten Sie lieber einen Gutschein, mit dem Sie sich selbst dann etwas Passendes auswählen, was Ihnen wirklich Freude macht.

Steht also noch der längst überfällige Angriff auf die bislang unangetastete Männerdomäne des Drinks Cabinets, der Bar, aus. Was ist von alleinlebenden Damen zu halten, die Drinks im Hause haben? Sind sie Alkoholikerinnen, Schlampen oder einsam, wenn sie sich mit einem Cocktailshaker in die Badewanne legen? Warum nehmen wir eigentlich demütig die von Männern aufgestellte Behauptung an, Spirituosen seien Männersache? Hier gilt es, nun wirklich endgültig eine Domäne der Männer anzugreifen: radikal! Man muss sich allerdings schon ein bisschen Mühe geben und um Fortbildung bemüht sein.

Als Frau punktet man unglaublich, wenn man zur Cocktailparty lädt und Highballs serviert. Oder die Champagnerkübel gut mit Eis aufgefüllt hat und gekühlte Gläser bereithält. Polierte Biergläser auf Schlieren inspiziert, bevor man sie befüllt. Das beeindruckt mehr als ein abgeschlossenes Hochschulstudium im Institut für Metaphysik. Damit sind Sie nur suspekt. Wenn Sie aber sieben Flaschen Alkohol im Hause haben, Crushed Ice und etwas Know-how, stellen Sie einfach alle in den Schatten. Damit erwirbt man sich den Appeal einer Polospielerin.

Es ist ganz erstaunlich, womit man als Frau so punkten kann. Wir können nämlich weit mehr als nur Proseccochen, Kir Royal und Hugos. Diese Weiberdrinks mögen ebenso wie ein Baileys auf Eis zwar in der Mädelsrunde Laune machen, aber sobald Männer zu Gast sind, sollten Sie sich nicht in die klischeebehaftete Ecke drängen lassen, dass es zu mehr als Piña Colada oder Eierlikör eben doch nicht reicht. Nein, wir müssen heutzutage auch mithalten können, wenn es um Gleichberechtigung bei Spirituosen geht. Als Frau macht man sich überall beliebt, wenn man sich dafür engagiert, Männer besoffen zu machen.

Oliven, Zitronenschalenspiralen, Ananas, Maraschinokirschen und Zuckerränder werden Ihre Gäste dermaßen beeindrucken, dass sie schon im Delirium sind, bevor sie überhaupt genippt haben. Damit dies auch ausufernd betrieben werden kann, sollten Sie leichte Häppchen dazu bereitstellen. Etwas zwischen die Zähne zu bekommen hat einen professionelleren Anspruch, als einfach das Bierfass und ein Glas Spreewaldgurken aus der Metro auf den Campingtisch zu stellen.

Niemand erwartet ein Flying Buffet, wenn er einen Privathaushalt aufsucht, und das Raffinierteste ist, zu Ihrer Drinksparty nichts weiter als viel gewürfelten Käse, tolle Weintrauben und aufgeschnittenes Brot zu arrangieren. Nach dem ersten Drink werden Ihre Gäste zu keinerlei Kritik mehr fähig sein. Wenn's hoch kommt, bereiten Sie noch Pumpernickel mit Käseaufstrich und kleine Pikser mit Mozzarellakugeln und kleinen Tomatenherzen vor …

Entscheidend jedoch sind die Menschen, die Sie auf einer Party zusammenführen. Was meinen Sie, wie oft Sie in Zukunft eingeladen werden, wenn Sie dann und wann als Gastgeberin aufspielen? Die Hauptzutaten für tolle Partys sind Gäste, die sich gut vertragen. Am sichersten fährt man strategisch, wenn man erst mal nur Gäste einlädt, die in schlechteren Verhältnissen leben als man selbst. Das ist gesellschaftlich ein unübertroffener Schachzug. Hat man mit mir immer gerne gemacht: mich eingeladen, um mir demonstrativ einen Lifestyle vor Augen zu halten, den ich nicht habe.

Niemand steuert wie ich die Stimmung mit einer ausgeklügelten Musikdramaturgie. Bevor ich ein Fünf-Gänge-Menü vom Catering-Service bestelle, würde ich immer in einen DJ investieren. Nichts ist trübsinniger, als Feste mit schlechter Musik – oder gar keiner. Erstaunlich, wie wenig Menschen hier stilsicher sind und ein unvergessenes Event zu inszenieren wissen. Mit guter Musik zaubert man Glanz auch in die bescheidenste Hütte.

Freundschaften werden wie Rosen erblühen, wenn Sie dann und wann die Tür für andere Menschen öffnen, egal ob diese nun aus dem Reitverein, dem Gospelchor, dem Bridgeklub, dem Lesezirkel, dem Literatur- oder Sportverein, dem Angelklub oder dem Tanzkurs rekrutiert worden sind. Da wir ja nun selber als Grande Dame auch das Drinks Cabinet und die Spirituosen in den Griff bekommen haben, sollten wir uns überlegen, wie wir die Säger und Rammler sinnvoll einsetzen können. Auf jeden Fall sollten sie eine Schürze tragen und sich in der Küche nützlich machen. Wenn ein Mann mit einem Tablett die Drinks und Häppchen anreicht, hat das immer was Adrettes. Nachdem wir fünfhundert Jahre lang das Stubenmädchen waren, ist es wirklich an der Zeit, uns auf die Chaiselongue zu legen, mit der Pantolette zu wippen und zuzuschauen, wie ein Säger und Rammler die Flecken vom Parkett aufwischt. Immerhin haben Frauen das jahrhundertelang tun müssen und dabei sogar noch einen Rock mit Schlitz getragen, unter den nicht selten geschaut worden ist. Das ersparen wir den Rammlern. Wenn sie nur hübsch sauber die Planken wichsen, dann dürfen sie auch weiterhin die Hosen im Hause anbehalten. Von mir aus zumindest.

17 Jäger und Sammlerinnen

Wir sind eine Familie Alleinerziehender, bereits in der vierten Generation.

Weltkrieg I, Weltkrieg II, Großmutter und Urgroßmutter Kriegswitwen, die Deutschland – wie so viele Trümmerfrauen – mit bloßen Händen wiederaufgebaut haben. Erst waren die Männer weg, weil im Krieg geblieben, dann starben die Söhne, und mit den Versehrten, die übrig geblieben waren, wurde ein paarmal in die Tonne gegriffen. Aber die Kinder, die wir erziehen und erzogen haben, die sind immer sensationell! Vier Generationen ohne Vater, Amazonen der Unabhängigkeit, die trotzdem immer nur den einen Traum hatten: beim Mann Schutz zu suchen.

Und das war unser Fehler. Wir verliebten uns nur in Männer, die Schutz signalisieren, Sicherheit versprechen und als Beschützer aufschlagen. Und dann lassen sie uns im Regen stehen!

Wahrscheinlich haben wir auch Pech mit Männern, weil wir keine Kompromisse machen. Aus eben diesem Grund gedeiht auch der Nachwuchs so gut. Liebe und Strenge, Herzenswärme und harte Arbeit, das ist die Zauberformel. Humor und Herzensbildung auf der einen Seite, auf der anderen Seite gnadenlos kämpfen, sich nichts gefallen lassen, Schlamperei die Stirn bieten und im Notfall seine Rechte erstreiten. Beliebt macht man sich damit nicht unbedingt, aber zum Verarschtwerden taugen wir absolut nicht.

Allein damit, dass man als Frau alleinerziehend die Ernte einfährt und das Essen auf den Tisch bringt, hat man garantiert viel zu tun und bis ans Lebensende keine Langeweile mehr.

Wenn man dazu noch in fünf Berufen gleichzeitig tätig ist, verfliegt die Zeit in einem Tempo, für das andere erst mal Pillen wie Prozac einschmeißen müssen. Meine Monate vergehen gefühlt genauso schnell wie für andere ein Wochenendausflug ins Berghain. An einem freien Samstag und Sonntag arbeite ich so viel ab wie andere in einem ganzen Monat.

Dieser zugegeben permanent fordernde Rhythmus führt andererseits dazu, dass die Amazonen unserer Familie sehr gut allein sein können. Als Kontrastprogramm sozusagen.

Allein zu verreisen ist nicht unbedingt populär. Wer will das schon heutzutage? Ist man etwa einsam, dass man so was nötig hat? Wer hat Bock darauf, sich als Single irgendwo einzumieten und allein am Tisch zu sitzen? Ich schon. Denn mit mir bin ich in bester Gesellschaft.

Endlich mal die Klappe halten dürfen. Ordentlich was wegschaffen durch Nachdenken, Notieren, Liegengebliebenes aufarbeiten, Briefe schreiben, Bücher lesen und am aller allerliebsten einfach auf der Couch liegen und Filme schauen. Am liebsten Serien non stop, die ganzen Staffeln hintereinander weg, bis der Schädel schwirrt. Im Garten rumpusseln, aufräumen, sortieren, Kuchen backen, Brot backen, vernachlässigte Freunde anrufen, Pullis durchsortieren, Schuhe ausmisten, Silber putzen, einen Tag in der Waschküche verbringen, einkochen, das Umland erkunden, Leute auf dem Display löschen, die eh nur nerven … Herrje, was gibt es nicht alles zu tun. Auch ohne Gartenarbeit. Und erst recht ohne Facebook.

Vor allem aber ist man als Alleinreisende darauf angewiesen, Kontakte zu knüpfen, drängt es doch mal nach Kommunikation. Deshalb gehe ich auch gern alleine auf Partys und Events. Wenn man überall mit seiner eingeschworenen Clique aufschlägt, bleibt man unter sich und isoliert sich vom Rest. Dass ich ein extrem offener Mensch bin, der sehr verbindlich und sehr schnell Brücken zu fremden Menschen baut, und großes Kommunikationstalent besitze, hat noch in keiner Zeitung gestanden.

Besonders glücklich macht mich aber die Jugend! Ich liebe sie. Das ist wahrscheinlich übrig geblieben von meinem Leben als Religionspädagogin. Das Haus voller junger Menschen zu haben und ihnen das Leben zu versüßen ist meine größte Mission überhaupt. Wie wunderbar, wenn Kinder die Freunde mit nach Hause bringen und damit meine Welt bereichern.

Allein schon dafür lohnt sich die ganze Schufterei. Und dann diese befreiten und unbelasteten Ansichten, dieser völlig frische Ansatz, das Leben anzupacken. Ich liebe freche Jugendliche! Das Frechsein ist so was herrlich Befreiendes, man muss es immer fördern. Ich selber wäre ideal als Mutterschiff von fünf Kindern gewesen, eine Hausfrau, die allen den Rücken freihält und ein offenes Haus führt. Am liebsten hätte ich drei Söhne und ein Nesthäkchen als Tochter gehabt. Ich liebe Söhne. Schade, dass viele von den Söhnen auf mysteriöse Weise zu unerträglichen Exemplaren der Spezies Mann mutieren. Wer ist dafür verantwortlich? Was tun Eltern nur ihren Kindern an, wenn sie sich als garstig und grauslig, oft auch nutzlos entpuppen?

Ich finde, Kinder haben immer recht, sind nie böse und wissen und können alles. Das Beweismaterial meiner hohen pädagogischen Kunst liegt anhand meines Sohnes Oscar vor. Er ist der Traummann, den ich mir selbst erzogen habe. Ich weiß gar nicht, warum andere so was nicht hervorbringen. Mir könnte man jedes Kind geben und es würde formidabel gedeihen. Und ich habe wirklich auch entgegen all meinen Interessen als alleinerziehende Mutter eines Sohnes hier mit einer mir völlig fremden Materie zu kämpfen gehabt. Die Barbiepuppen im Regal, die Federboa auf der Recamière drapiert, die Strassstilettos im Entree und die Rüschenkrinolinen in der Garderobe, das alles in sämtlichen Schattierungen, die die Farbe Rosa zulässt – nein, bei mir daheim herrscht wahrlich keine einladende Männerwelt.

Meine Welt besteht aus Antiquitäten und Operette. Kein Heim, in dem man die Drecksbotten in Größe 47 und die Eishockeyschläger in die Ecke knallt und die verschwitzten Sweatshirts nach dem Joggen über die Terrassenbalustrade hängt, Dartscheiben, Deutschlandfahne auf dem Balkon, Darth Vader, Spidermankostüme, Motorräder, so was kommt mir alles nicht ins Haus. Passt farblich nicht in meine pastellige Welt.

Der Herrgott hat mich eigentlich als Diva im rosa Seidenkleid konzipiert. Ich wäre vom Typ her von Haus aus als richtig stolze, große, blonde, luxuriöse, elegante Russin gedacht. Aber ich muss mein Altglas selber zum Container schleppen, für alle die Kohlen aus dem Feuer holen, die Ärmel hochkrempeln, das Visier runterklappen, dem Unbill des Alltags den Kampf ansagen und im Morgengrauen zum Duell antreten.

Ich selbst nämlich bin die Jägerin und Sammlerin. Davon zeugt mein Domizil. Die vielen hübschen Dinge, die sich hier angesammelt haben, kann man nicht während eines Ganges durch die Möbelhäuser zusammensuchen oder im Katalog bestellen. Ey, ich bin so was von einer Hardcore-Sammlerin! Alles, was es gibt, wird bei mir zur Sammlung. Wenn mir was gefällt, brauche ich davon eine ganze Kollektion in allen Nuancen. Ich gehe gerne ins Detail, trage zusammen und horte Liebgewonnenes in verschiedensten Varianten. Meistens erledige ich das Sammeln gleich während des Jagens. Das sollen Männer erst mal nachmachen. Während ich die Pfeile aus meinem Köcher ziehe und den Bogen spanne, bücke ich mich parallel noch schnell nach ein paar Beeren am Wegesrand und packe mir die Taschen voll. So muss man sich das vorstellen. Und wegen genau diesem Anteil von Kampfeslust im Herzen der großen, schlanken, blonden, kapriziösen Russin, die ich gerne wäre und die irgendwo in mir schlummert, habe ich auch Raum für eine Männerwelt in meinem Barbiepuppenhaus geschaffen. Als Unterschachtel sozusagen.

Entweder konnte das Ergebnis meiner Erziehung nur eine Volltucke in Form eines gesträhnten Friseurs sein, der mit der Federboa wedelnd in roten Lackstiefeln kreischend um die Siegessäule rennt und Designer werden will, oder ein sensibler Künstler, den es auf die Bühne drängt.

Und wozu kam es? Zu einem Physik- und Wirtschaftsstudenten

in Schottland, der Scheißwetter liebt, früh um sechs Uhr selbst im Winter bei Minusgraden mit sieben anderen Jungs als Käpt'n am River Dee im Ruderboot sitzt und vorm Frühstück schon zwei Stunden trainiert hat, zum Lachsfischen in die Highlands fährt und bei der Royal Air Force seinen Pilotenschein gemacht hat. Alles unter zwanzig. Derartiges hat sein Vater in seinem ganzen Leben nicht zustande gebracht.

Jede Familie hat eben ihr schwarzes Schaf!

Völlig aus der Art geschlagen, dieser Sohn. Wo andere sagen würden: »Hilfe, ich glaube, mein Sohn ist schwul!«, heißt es bei uns: »O Gott, wir haben einen richtigen Kerl im Haus.« Und den habe ich mir selbst gebacken!

Nun ja, ich habe für den Jäger und seine Welt frühzeitig Platz geschaffen. Von klein auf musste der Bub alles bei uns reparieren, hat den Handwerkskasten zum vierten Geburtstag bekommen, die Laubsäge frühzeitig angesetzt und musste Verantwortung übernehmen für das, was den Weibern nie gelang. Schrauben in die Wand dübeln zum Beispiel. Ein Ikea-Regal aufbauen, Gebrauchsanleitungen lesen, Handwerksdienste und Hausmeistertätigkeiten übernehmen. Pappkartons zerkleinern, schweres Gerät tragen, den Computer installieren, all so was eben, was die dummen und vor allem hilflosen Weiber nicht beherrschen.

Kein Mann im Haus? Also gleich mal ab in den Sportverein. Mit drei Jahren zum Eislauf, wie Speedo beim Eisschnelllauf über die Bahnen gejagt, dann zum Eishockey, wo sich jeder kleine Junge in seiner Montur wie Superman fühlen darf. Fußball kam durch die Schule dann, und o ja, ich habe mich geopfert und bin als Betreuermutter von zweiundzwanzig Elfjährigen mit in die Camps gefahren, um dort allabendlich große Wäsche zu machen und vierundvierzig Socken und Stutzen zu sortieren.

Dann muss man halt, wenn man Vorstellungen gespielt hat und um zwei Uhr nachts ins Bett geht, früh um fünf aufstehen, damit man um 8 Uhr am Sonntag in Rostock zum Kreisklassenspiel der Jugend am Spielfeldrand steht. Im November. Es hat dem

Buben Freude gemacht, das war der Motor. Es war wichtig für ihn. Und damit wichtig für mich. Man nennt so was Liebe.

Selbstredend hielten frühzeitig Sägen anspruchsvollerer Qualitäten Einzug in Küche, Kinderzimmer und Hobbykeller. Hiermit wurden grauenvolle selbst gemachte Hocker, Salatbestecke, Figuren und Kreuze produziert, die wie moderne Kunstwerke auf der Documenta ins rosa Barbiepuppenhaus als Pop Art integriert wurden.

Es sah bald im Salon aus wie bei Fürstin Gloria von Thurn und Taxis im Schloss in Regensburg. Dort schwebt auch ein überdimensionales Spiegelei im Renaissancetreppenhaus, und das gigantische dreidimensionale Skulpturenantlitz der Fürstin thront im Barocksaal.

Können wir auch! Handwerkskunst wird in ihrer Bedeutsamkeit für die feinstoffliche Entwicklung eines Kindes sowieso unterschätzt. Ehre gebührt allem, was Menschen von Hand herstellen, ist es doch das A und O der schöpferischen Gestaltung.

Auch die Kohle für das alles zu finden geschah aus Liebe. Der Adel ist ja heutzutage zumeist verarmt, sofern es sich nicht um den Fürsten handelt. Erschwerend wirkt sich zudem aus, dass Familien, die jahrhundertelang die eigenen Cousinen heiraten mussten, Abstammungsdefizite haben. Unstrittig hat auch Queen Elizabeth II. dafür gesorgt, wie übrigens alle europäischen regierenden und damit überlebenden Monarchien, dass durch bürgerliche Bräute aus dem Bauch des Volkes eine Blutauffrischung stattfand.

Hier kommen wir nun zu den Rammlern. Ich habe mich dafür auch starkgemacht, was das Welfenhaus anbetrifft. Gott sei Dank sind nichteheliche Kinder ehelichen gleichgestellt, und die Herkunft und Identität kann durch nichts und niemanden mehr angefochten werden.

Erblich vorbelastet, gelingt es den wenigsten, ihr Leben respektabel durch Arbeit zu finanzieren, und das gesamte Selbstwertgefühl beruht somit einzig und allein auf den Errungenschaften längst dahingeschiedener Vorfahren. Antiquiertes Denken fördert zudem noch die ganze Problematik. Ein Beharren auf längst überholten Strukturen führt zur stoischen Erstarrung und damit zum Hass auf den Rest der Welt. Ein echtes Dilemma. Rühmlichen Ausnahmen gebührt von daher umso mehr Ehre und Respekt.

Intellekt in Kreisen des Hochadels ist eine Rarität, eine seltene Blüte, die nur zu gern auch als Bedrohung wahrgenommen und nicht unbedingt willkommen geheißen wird.

Mein Sohn war circa elf Jahre alt, als der Fall Guttenberg für Aufsehen sorgte. Ich werde nie vergessen, mit welcher Verwunderung er darauf reagierte, dass ein Mensch sich unehrenhaft einen Doktortitel zu erschleichen vermag. Zumal von Hause aus der feine Herr doch eh unumstritten reichlich Ansehen genoss. Tagelang hatte ich zu erklären, warum ausgerechnet ein Mann, der es doch gar nicht nötig hat, sich aufzuwerten oder mit fremden Federn zu schmücken, sich bemüßigt sieht, nach außen hin durch akademischen Titelerwerb Bildung zu suggerieren. Und dann noch auf Schleichwegen. Karl-Theodor Freiherr zu Guttenberg hat viel für meinen Sohn getan, denn von da an fasste dieser den Entschluss zu promovieren. Er hat eindeutig begriffen, was falsch ist, und damit deutlich den Weg in die richtige Richtung gewiesen bekommen. Wäre mein Sohn ein Kunstschnitzer, der altbayrische Küchenmöbel und Wohnstuben drechselt, wäre ich aber genauso stolz auf ihn, denn das verlangt vergleichsweise dieselbe meisterliche Sachkenntnis wie ein Doktorat.

Ob nun also das Sägen an einem Stück Birkenholz mit der Laubsäge erfolgt, am Stuhl des Chefsessels oder am Ruf der Obrigkeit, irgendwie geht es immer mit dem Jagen einher. Jagd nach Anerkennung, Erfolg, Quote, Macht, Ruhm, Ehre oder anderen Trophäen. Bloß nicht nach den falschen Werten. Das Schürzenjägertum wurde in meinem Haushalt nie promoted, und die leibhaftigen Beispiele glücklicher, intakter, vorbildhafter moderner Familien, die humorvoll, attraktiv und kompetent ihr Leben meistern, begegnete uns in Fülle im englischen Internat. Dort habe ich meinen Sohn eingeschult, nicht nur damit ich auf meine Hundert-

stundenwoche kommen kann, sondern um ihn aus unserer Neid-
gesellschaft zu entfernen. Wir mögen Sozialneid nicht. Auch nicht
schlechtes Schuhwerk. Wir lieben alte, wertvolle, traditionsreiche
Dinge, die schön aussehen, wertvoll und beständig sind und sich
mit wahnsinnig viel exzentrischem und lässigem Witz vereinen.
Wir lieben die Freiheit des Individuums, der Presse und der Kunst.
Weil ich die Jagd in freier Wildbahn berufsbedingt gewöhnt bin,
habe ich ein Höchstmaß an Anpassungsfähigkeit entwickelt, je
nach Saison. Wer erfolgreich fischt, jagt, sammelt, *muss* bald sess-
haft werden, denn er kann die Beute nicht mehr im Nomadenda-
sein transportieren. Meine Habe passt weder in einen Gelände-
wagen, noch in eine Dreizimmerwohnung. Deshalb habe ich mir
wie im Wahn aus Liebe die Villa gekauft. Aus Liebe zu den Dingen, die ich vorher in meiner Sammeltätigkeit gehortet habe.
Meine Expeditionen nutze ich als Erwerbsform, um meine Klein-
familie wirtschaftlich in die Zukunft zu führen. Ich hoffe, dass ich
viele Enkel haben werde, die ich dann chauffieren, bekochen und
beschenken darf. Mit Freude öffne ich mein Herz für diverse
Schwiegertöchter.

Ich bin als Jägerin als Person mit besonderen Kenntnissen zu
klassifizieren, die zwar von wenigen Bereichen Ahnung hat, dafür
aber in ihrem Fachgebiet zu hohem Expertentum gelangt ist.

Im Übrigen habe ich nicht zugelassen, dass meine Mobilität
durch die Versorgung des Nachwuchses eingeschränkt wird. Ich
hocke ungern am Feuer. Deshalb habe ich mir nach Geburt meines
Sohnes ein Induktionsfeld installieren lassen und sehr viele Tour-
neen gemacht. Und so war der erste Satz meines Kindes: »Mama
abeia.« Das man lebt, um zu arbeiten, hat er mit der Muttermilch
aufgesogen. Und wenn das sogar eine hilflose Frau schafft, wie
buchstabiert man dann wohl Fleiß bei einem richtigen Kerl?

Sehr verwurzelt bin ich angesichts der Riten in der Tradition,
dass die Frau immer zum Mann zieht. Hier zieht jedenfalls kein
Kerl mehr ein. Ein Mann, der nicht Behausung, Schutz und Obhut
gewährleisten kann, scheidet aus.

Ziehen die Männer zu den Frauen, dann etabliert sich auf diesem Weg ein Höchstmaß an Abhängigkeit. Früher oder später wird *sie* schleichend die Umerziehung zum Hausmann vornehmen und den Partner zu Sklavendiensten verdonnern. Hier kann kein Mann mehr einziehen. Ich möchte das nicht. In meinem Haus ist ein Höchstmaß an Tüchtigkeit oberstes Gebot, und ich sehe dies in meinem Partner nur verwirklicht, wenn er mir Bettstatt und Behausung, ja, Rundum-Schutzversorgung bieten kann.

Meine erfolgreiche Nahrungsbeschaffung hat mir zu sozialem Ansehen und Prestige verholfen, weshalb ich so was wie die Queen von Falkensee respektive Brandenburg bin. Ich provoziere aber auch die umliegenden Clans nicht mit exzentrischer Kleidung und belästige nicht etablierte Horden. Allerdings statte ich dem Rudel gerne salopp gekleidet Besuche bei Volksfesten oder Versammlungen ab. In der Herstellung von Brennmaterial, Behausungen und Geräten sind mir meine Nachbarschaftssippen haushoch überlegen, eine Tatsache, der ich großen Respekt zolle.

Als besonders privilegiert empfinde ich mich, weil meine Eigentums- und Besitzrechte geklärt sind: Alles gehört mir. Etablierte Dynastien streiten in der Erb- und Nachlassverwaltung über die kleinsten Details so lange, bis sie auf Generationen zerstritten sind. Aufgrund meiner Sesshaftigkeit sollte ich die Ressourcen meines Parks nachhaltiger nutzen und werde mir vornehmen, Walnüsse anzupflanzen. Man glaubt gar nicht, was sich aus einer einzelnen Nuss alles rausholen lässt. Sie ist ein archaisches Urprodukt, so alt wie die Biene, essenziell wichtig für den Kreislauf der Natur. Mit Nussbäumen kann man gut überleben, sollte uns eine Hungersnot heimsuchen. Erd-, Him- und Blaubeeren habe ich schon. Als Nächstes kommt das Gemüsehochbeet.

Eine Form, die ich eher ablehne, ist die Hetzjagd. Ich trainiere eher meine Ausdauer beim Laufen und bin als Langstreckenläuferin sehr gut ausgestattet. Als Raubtier würde ich mich nicht bezeichnen, denn diese erreichen hohe Geschwindigkeiten nur für wenige

Minuten und müssen ihre Beute in einem Anlauf erreichen, da sie ihnen sonst entkommt.

Als Langstreckenläuferin ist meine schwache Behaarung sehr effektiv, da sie geeignet ist, meinen Körper zu kühlen. Meine zwei Millionen Schweißdrüsen sorgen dafür, dass ich längere Läufe auf Nahrungssuche wochenlang durchhalten kann. Man denke nur an das Dschungelcamp oder Big Brother. Ich besiege meine Feinde ganz ohne Waffen. Und zwar, indem ich so lange redend hinter ihnen herlaufe, bis die Widersacher oder Konkurrenten erschöpft zusammenbrechen. Einige fangen auch an zu heulen. Ich nenne es flennen, weil es gar keine echten Tränen sind. Es ist in der Regel nur das Silikon, das aus den Implantaten abfließt. Ich bin eine Ausdauerjägerin. Deshalb sehe ich auch so verdammt gut aus, obwohl ich an die 60 schramme. Niemand ist in diesem Alter so attraktiv wie ich. Es gibt niemanden. Mein biologisches Alter wurde jüngst bei einer Untersuchung auf 38 Jahre gesetzt. Das kommt vom Schuften, der Unabhängigkeit und meiner inneren Schönheit, die sich Bahn bricht. Irgendwann hat jeder das Gesicht, das er verdient. Sieht man ja an mir: Nie sah ich besser aus als heute. Die 60 Kilogramm, die ich wiege, hatte ich das letzte Mal mit 24. Nichts hängt, nichts schlabbert, und ich habe nicht Orangen-, sondern Pfirsichhaut. Ehrlichkeit hält jung. Langsam schreite ich also meinem Zenit entgegen. Marlene Dietrich sah mit 70 auch am besten aus. Schaut euch Helen Mirren an: That's my girl! Sie wurde überhaupt erst mit 60 zum Star. Nein, auf dem Gipfel bin ich noch lange nicht. Meine Aussichten sind jedenfalls spektakulär. Zumal ich ja so wahnsinnig gute Proportionen habe.

Als Stichwaffe nutze ich meine spitze Zunge. Damit lasse ich, in Notfällen, auch mal vergiftete Pfeile los. Das ist vor allem für Männer sehr verwirrend, da sie mit der Kunstfertigkeit einer weiblichen Zunge friedvollere Aktionen als die Jagd assoziieren. Wer aber die Kunstfertigkeiten von Jagd und Wort vereint, ist sowieso Absolventin der Meisterklasse. Wohin stelle ich meinen Pokal?

Danksagung

Dank gebührt an dieser Stelle vor allem den großartigen Mitarbeitern vom Heyne Verlag, die aus allerlei Ideen und zahllosen Texten wahrhaftig ein echtes Buch gemacht haben – mit Anfang und Ende, mit Cover und Titel, mit allem Drum und Dran.

Meine Entwicklung als Autorin wäre nicht ohne die Unterstützung meiner Literaturagentin Frau Rebekka Göpfert möglich gewesen, die es seit vielen Jahren versteht, meinen Weg auf den verschiedensten Ebenen zu begleiten.

Herr Ronny Müller darf für sich beanspruchen wahrlich »der Einzige« zu sein, da ich bislang noch nie einen Lektor, sondern stets junge Lektorinnen zur Seite gestellt bekam, die meine nicht besonders penibel geführten Manuskripte ordnen, sichten, verbessern und korrigieren durften, naja: mussten. Und das ausgerechnet bei einem Buch über Männer … Ohne gesunden Humor, würde ein Lektor das gar nicht überleben. Daher bin ich dankbar für die formidable Unterstützung durch diesen bibliophilen Mann an meiner Seite.

Aber auch der Dank an meine treuen Fans und meine Leserschaft unterschiedlichster Haarfarben, Hautfarben, Religionen und sexueller Orientierungen darf nicht verpasst werden. Denn es sind SIE, für die ich mich aufgemacht habe, zwischen Mitternacht und Morgengrauen am Bleistift zu kauen und den Schönheitsschlaf zu opfern.

Lasst uns den Weg gemeinsam weitergehen, denn mit meinem Buch haltet ihr für kleines Geld stets eine gehörige Portion Frohsinn parat: Möge ich eure treue und intime Begleiterin in der Handtasche sein. Oder legt mich einfach auf eurem Nachttisch ab. Es gibt nichts Gesünderes, als mit einem Schmunzeln auf den Lippen einzuschlummern. Hebt die Wangenmuskulatur selbst im Schlaf. Und das gibt es von mir gratis!

Mögen meine Werke uns noch lange verbinden! Wir sehen uns hoffentlich auf den zahlreichen Lesungen beim anschließenden Meet & Greet – und überhaupt wisst ihr ja, wo wir uns alle treffen: auf meiner facebook-fanpage, auf twitter oder Instagram und bei www.desireenick.de.

Eure Madame La Nick, die Brandenburgerin mit den hohen Hacken!